マイクロカウンセリングによるカウンセリング技法の習得

―モデリングと言語化の役割―

河越隼人 著

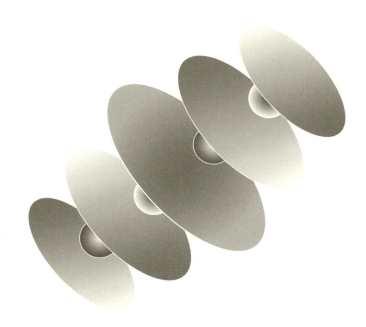

風間書房

目次

序章 …………………………………………………………………… 1

第1章 マイクロカウンセリング研究の展開 ……………………… 3
 第1節 マイクロカウンセリングとは ………………………… 3
  第1項 マイクロカウンセリングの発想 …………………… 3
  第2項 マイクロカウンセリングの訓練手順 ……………… 6
 第2節 マイクロカウンセリングの有効性 …………………… 7
 第3節 マイクロカウンセリング研究の課題 ………………… 9
 第4節 マイクロカウンセリングにおけるモデリングの役割 …… 11
  第1項 社会的学習理論とモデリング ……………………… 12
  第2項 マイクロカウンセリングの構成要素としてのモデリング …… 14
  第3項 マイクロカウンセリングの訓練プログラムとモデリングの下位過程の関連 …… 18
  第4項 マイクロカウンセリングとモデリングの言語化 ……… 20
 第5節 本研究の目的 …………………………………………… 23

第2章 マイクロカウンセリングにおけるモデリングの言語化の効果 …… 27
 第1節 カウンセリング技法習得に及ぼすモデリングの言語化の効果（研究1）……… 27
 第2節 モデリングの言語化によって習得したカウンセリング技法の実践応用可能性の検討（研究2）……… 40

第3章　モデリングの言語化が習得したカウンセリング技法の
　　　　維持に及ぼす効果……………………………………………53
　第1節　観察者の言語化内容とカウンセリング技法の習得度の対応
　　　　（研究3）……………………………………………………53
　第2節　モデリングの言語化における自己言語化と他者言語化の組み
　　　　合わせの効果（研究4）…………………………………60

第4章　弁護士を対象としたマイクロカウンセリングによる
　　　　カウンセリング技法習得の有効性（研究5）……………69

第5章　総合考察……………………………………………………85

引用文献……………………………………………………………97

附表…………………………………………………………………103

あとがき……………………………………………………………109

序　章

　近年，"カウンセリング"という言葉をいたるところで耳にするようになった。カウンセリングは，1900年代初頭の米国における職業指導運動（職業選択の援助相談）や精神衛生運動（精神障害の予防と治療の啓蒙運動）などにおいてその基盤が形成され，1940年代にRogersらによって体系化された（福原・アイビイ・アイビイ，2004）。本邦においては，第2次世界大戦後の教育改革の一環として，大学における学生サービスの充実が求められ，カウンセリングは学生支援のための有力な手段として導入され始めた（玉瀬，2008；東條，2000）。1950年代後半には，米国のカウンセリングを学んだ研究者がこれを普及させ（澤田，1957），1967年にはこの分野の主たる学会である日本相談学会（現在の日本カウンセリング学会）が設立された。以後，カウンセリングは，教育，医療，福祉，産業，司法といった様々な領域で用いられるようになり，今や本邦においても大変馴染み深いものになっている。

　1960年代から1970年代にかけては，人間性心理学に基づく理論を中心に，カウンセリングを発展させるための研究が数多く実施された（Hill, Roffman, Stahl, Friedman, Hummel, & Wallace, 2008）。そのため，現在ではカウンセリングに関する理論は400以上もあるといわれているが，それらの主要な考え方は，精神分析学，行動主義心理学，人間性心理学のいずれかを基盤とするものである。これらは，援助の方法こそ違うものの，すべてクライエントの問題解決や精神的健康の向上を目的としており，そこにはカウンセリングにおける共通の基本的な姿勢がある。近年では，カウンセリングに関する理論が統合的に用いられ，技法は折衷的に用いられる傾向にある（Corey, 2008；Norcross & Goldfied, 2005）。また，経験年数の長い心理臨床家は，クライエントとのかかわり方が類似してくるという知見もある（武島・杉若・西村・山

本・上里，1993）。これらは，カウンセリングに共通するエッセンスがあることを意味している。その共通したエッセンスを抽出し，体系化することは，カウンセリングの効果を高める有効な方法であろう。本邦の臨床心理士の業務においても，その専門性の中核は面接であり，あらゆる学派に共通した基本的態度を学ぶ必要があるとされている（大塚，2008）。

上記のような視点を早くから持っていたのが，米国のカウンセリング心理学者 Ivey, A. E.(1933 -) である。Ivey (1971) は，カウンセリングに必要な技法はあらゆる学派や流派を超えて共通しているとの信念に基づき，カウンセラー養成プログラムである"マイクロカウンセリング（microcounseling）"を開発した。マイクロカウンセリングでは，カウンセリングに共通するカウンセラーの基本的な技法を1つひとつ明確に定義しており，これらはあらゆる学派のカウンセラーが学ぶべき必須のものであるとしている（Daniels & Ivey, 2007；Ivey & Authier, 1978）。マイクロカウンセリングにおける視点こそが，カウンセリングの統合を促す代表的な理論であり，方略だといえよう。

マイクロカウンセリングの訓練プログラムは，"解説，モデリング，練習，フィードバック"で構成されているが，この中でもモデリングの果たす役割は大きい（Daniels, 2003）。モデリングは，観察によって様々な事柄を効果的に学習することを可能にするが，これを初めてカウンセラートレーニングに取り入れたのがマイクロカウンセリングである（福原他，2004）。本研究は，この"モデリング"のプロセスに焦点を当て，その効果を高める要因を実験的に検討し，マイクロカウンセリングの訓練プログラムをさらに洗練させることを目的とするものである。

第1章　マイクロカウンセリング研究の展開

　本章では，まず，マイクロカウンセリングの成り立ちを紹介した上で，これまでの関連研究を概観し，その訓練プログラムとしての有効性を述べる。その後，先行研究に残された課題を示し，最後に，本研究の目的を述べる。

第1節　マイクロカウンセリングとは

第1項　マイクロカウンセリングの発想

　マイクロカウンセリングは，カウンセリング技法を効果的に習得するために，Ivey (1971) によって開発され，本邦には1984年に福原によって導入されたカウンセラー養成プログラムである（福原，2012）。カウンセリング技法の習得には，系統立ったプログラムが有効であり（玉瀬，2008），その代表例がマイクロカウンセリング（Daniels & Ivey, 2007；Ivey & Authier, 1978）である。

　カウンセリング場面で用いられる技法は複雑なものであり，それらを1度にすべて習得することは困難である。そこでマイクロカウンセリングでは，カウンセリングに必要な技法を1つひとつ明確に定義し，基本技法を下層に，上級技法を上層に分類した階層表を作成している（Figure 1-1）。マイクロカウンセリングにおいて重要な概念の1つが，このマイクロ技法（マイクロカウンセリングで扱われる技法）の階層表である。訓練はこの階層表に従って，原則として1セッション1技法に限って行われる。

　まず，階層表の下層には基本的傾聴技法が位置づけられている。対人コミュニケーションにおける非言語行動を構成する"かかわり行動"や，クライ

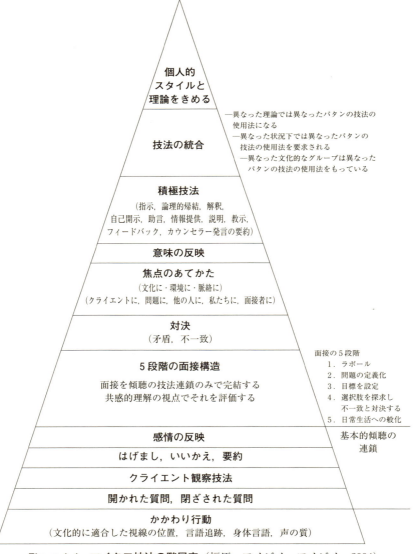

Figure 1-1　マイクロ技法の階層表（福原・アイビイ・アイビイ，2004）
注）この技法の階層表は1985年のものを原型とし，1995年に改訂されたものである

エントの話をよく聴くための技法となる，"質問技法"，"はげまし"，"いいかえ"，"要約"，"感情の反映"といった技法がカウンセリングの基盤を成すものとして位置づけられている。これらは，クライエントの話をより多く引き出し，正確に聴きとり，共感するための基本的な技法である。そして，中間層には，より高度な技法として，面接での"焦点のあてかた"や，クライエントにより深く介入するための"積極技法"が位置づけられている。さらに，最上層には，習得してきた技法を統合し，個人のスタイルと理論を決定していく段階が位置づけられている。

　この階層表にも示されているように，マイクロカウンセリングでは，学派を問わないすべての面接，カウンセリング，心理療法に共通する基本的傾聴技法を扱っており，さらに多様な技法群を包含しうるものとして構成されている（福原他，2004）。この点において，マイクロカウンセリングは，あらゆる心理臨床行動のメタモデルだといえる。

　カウンセリングの理論や背景が異なるものであっても，実際のカウンセリング場面で用いられる技法には共通点が多い。Lambert（1992）は，多様な手法（疫学調査，実験検討，比較臨床試験，自然経過観察）を用いた過去60年に渡る研究結果を対象としたナラティブレビューによって，カウンセリングの治療効果を説明する4つの要因とその治療効果への貢献度をFigure 1-2のようにまとめている。図中の"%"は，治療効果への貢献度を示している。各要因の貢献度は，統計的な手法によって算出されたものではないが，その妥当性はメタ分析によって裏づけられている。第1の要因は，治療外の要因であり，クライエント自身の資質や周囲からの支援によるものである。第2の要因は，カウンセリングにおける共通の要因であり，共感，温かさ，受容，はげましといった，学派を問わない傾聴的姿勢を意味するものである。第3の要因は，技法の要因であり，精神分析学や行動主義心理学に基づく技法の治療効果を示すものである。第4の要因は，期待の要因であり，クライエントの治療意欲やカウンセリングへの期待に関するものである。これら4つの

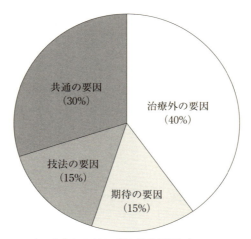

Figure 1-2　カウンセリングの治療要因（Lambert, 1992）

要因をみてみると，カウンセリングにおける共通した傾聴的姿勢は治療効果の30％にも関わるものであり，それを学ぶことの重要性が分かる。マイクロカウンセリングでは，カウンセリングに共通するエッセンスを抽出し，傾聴技法として定義していることから，それによる訓練がカウンセリングの基盤を形成するのに非常に有効なものだといえよう。

第2項　マイクロカウンセリングの訓練手順

マイクロカウンセリングの特徴の1つは，観察による学習を強調した社会的学習理論を背景とし，習得すべき課題を細かなステップに区切って練習するマイクロティーチングの発想を取り入れた点にある。マイクロカウンセリングでは，カウンセリングプロセスに含まれる多様な技法のうち，1度に1つの技法だけを標的にして，"解説，モデリング，練習，フィードバック"という手順を用いて，段階的なトレーニングを実施していく（Figure 1-3）。まず，解説では，習得すべき対象となる技法について，それがどのような技

Figure 1-3 マイクロカウンセリングの訓練手順（玉瀬，1998を一部改変）

法であり，どのような意味や機能を持つのかの説明を受ける。次に，モデリングでは，実際に技法を使用しているモデルを観察し，より具体的に技法を学ぶ。続く練習では，解説とモデリングで学んだ技法を，実際に練習パートナーとともに使用し，その技法を体験する。最後のフィードバックでは，練習パートナーや指導者から感想を聞いたり，話し合いの場を持ち，技法への気づきを高める。

このように，マイクロカウンセリングでは学習に効率的な方法で技法訓練を行い，それによって個々の技法がどのような意味を持つのかを混同することなく体系的に学ぶことができ，1つひとつの技法を確実に習得することが可能となる。

第2節　マイクロカウンセリングの有効性

マイクロカウンセリングがカウンセリング技法の習得に有効な訓練プログラムであることは，数多くの研究によって示されている。ここでは特に，メタ分析によってマイクロカウンセリングの効果を示した研究を概観する。これまでにメタ分析を実施した研究の結果を Table 1-1 に示す。表中の"効果量（d）"は，標準化された要因の効果，すなわち各訓練の効果の大きさを示す指標である。

Baker and Daniels (1989) による81件の研究を対象としたメタ分析においては，マイクロカウンセリングの効果量は0.85（大きな効果）であり，訓練プログラムとしての有効性を実証している。また，訓練対象者としては，専

Table 1-1　マイクロカウンセリングに関する研究のメタ分析結果（発表年順）

研究者	対象研究	効果量(d)	結果
Baker & Daniels (1989)	マイクロカウンセリング81件	0.85	マイクロカウンセリングは有効なプログラムであり，多様な対象に適用可能である
Baker, Daniels, & Greeley (1990)	マイクロカウンセリング23件 人間関係開発法8件 対人過程想起法10件	0.63 1.07 0.20	特にマイクロカウンセリングと人間関係開発法が有効であるが，マイクロカウンセリングが最も広範に使用されている
Van der Molen, Smit, Hommes, & Lang (1995)	マイクロカウンセリング19件	1.41	マイクロカウンセリングは有効なプログラムであり，カウンセリング技法とそれに関連する知識の両者の獲得に有効である

門家だけでなく，大学生から一般成人まで多様なグループに傾聴技法を身に付けさせることに有効であることを見出している。Gluckstern, Ivey, and Forsyth (1978)，Daniels (1987)，Pomerantz (1992)，Kabura, Fleming, and Tobin (2005) らも，カウンセリングを専門としない職業（教師，看護師，社会福祉士，企業管理職，牧師など）に就く者を対象にマイクロカウンセリングによる訓練を実施し，心理臨床家の育成のみでなく，他職種にもそれが有効であることを実証している。

　Baker, Daniels, and Greeley (1990) は，これまでに適用されてきた3つの代表的な訓練プログラム，すなわち，マイクロカウンセリング (Ivey, 1971)，人間関係開発法 (Carkhuff, 1969)，対人過程想起法 (Kagan, 1984) について，その効果を比較検討している。3つの訓練プログラムを扱った41件の研究に対してメタ分析とナラティブ分析を行ったところ，マイクロカウンセリングの効果量は0.63（中程度の効果），人間関係開発法の効果量は1.07（大きな効果），対人過程想起法の効果量は0.20（小さな効果）であった。この結果，カウンセリング技法の習得には，効果量だけをみると人間関係開発法が最も有

効であるが，41件のうち23件がマイクロカウンセリングに関する研究であり，その研究報告数の多さからマイクロカウンセリングが最も広範に使用されている効果の安定した訓練方法であることを示した。実際に，マイクロカウンセリングは20ヶ国語にも翻訳されており，カウンセリング技法訓練として世界的に広く用いられている（Ivey, Ivey, & Zalaquett, 2009）。

Van der Molen, Smit, Hommes, and Lang（1995）は，オランダで実施された19件の研究を対象にメタ分析を実施したところ，効果量は1.41（大きな効果）であり，マイクロカウンセリングによる訓練が有効であることを実証している。さらに，彼らが"技法の習得"と"知識の習得"の効果量を区別して算出したところ，前者は1.28（大きな効果），後者は2.38（大きな効果）であった。この結果は，マイクロカウンセリングの訓練が，技法ならびに技法と関連する知識の習得に有効であることを示している。

さらに，Daniels（2003）は，マイクロカウンセリングに関する450もの研究を展望し，カウンセリング技法の教授法の中でもマイクロカウンセリングは最も取り入れやすくかつ有効な方法であり，カウンセリングパラダイムの基本を学ぶことに適していると結論づけている。また，マイクロカウンセリングの訓練を受けた者はクライエントの満足度を高め，多くの会話を引き出し，信頼関係を深めるといった有益な援助が行えることを示している。

上述のように，多くの研究がマイクロカウンセリングの有効性を実証している。マイクロカウンセリングは，カウンセリング技法訓練プログラムとして優れたものであり，心理臨床家をはじめ，カウンセリング技法を必要とする様々な職種の育成に役立つものだといえよう。

第3節　マイクロカウンセリング研究の課題

これまで概観してきたように，マイクロカウンセリングによるカウンセリング技法を習得するための訓練が有効であることを証明する研究は数多く存

在する。しかし，過去の研究は，クライエントに対するマイクロ技法の効果を明らかにすることや，その訓練効果に着目したものが大半であり，訓練プログラムそのものの発展を目的とした研究は数少ない。Ivey and Authier (1978) や Daniels (2003) は，マイクロカウンセリングは開かれたシステム，つまり訓練状況に応じて柔軟にその内容を改変することができるものだとし，訓練プログラムをより効果的なものへと改良することを奨励している。マイクロカウンセリングの研究は，次の段階へと進む必要があるといえるだろう。

マイクロカウンセリングの訓練プログラムに改良を加えたものには，Van der Molen, Smit, Hommes, and Lang (1995) の研究がある。彼らは，The Cumulative Microtraining (CMT) という名称で，マイクロカウンセリングに新たな工夫を加えた訓練プログラムを考案している。従来のマイクロカウンセリングでは習得すべき技法を1つひとつ個別に訓練するのに対し，CMTでは新しい技法を訓練する際に先に習得した技法と新しく学ぶ技法とを組み合わせて同時に訓練する。また，Kuntze, Van der Molen, and Born (2007, 2009) は，The Communication Skills Progress Test (CSPT) というカウンセリング技法の習熟度を測定するためのビデオテストを開発し，これを用いてCMTによる訓練が有効であることを示した。

マイクロカウンセリングを自己教授プログラムへと発展させようとする試みもある。Schönrock-Adema, Van der Molen, and Van der zee (2009) は，訓練プログラムの解説とモデリングをワークブックとビデオ教材によって自己教授させ，練習とフィードバックにのみ指導者がつく自己教授条件と，訓練プログラムの全てに指導者がつく従来のトレーニング条件を比較した。その結果，両条件の訓練効果は同等であり，マイクロカウンセリングの訓練の一部は自己学習が可能であることを示した。

これらマイクロカウンセリングに改良を加えた訓練法に関する研究は，マイクロカウンセリングのさらなる発展を目的としたものであるが，上述の報告以外にはマイクロカウンセリングの訓練プログラムの改良を意図とした研

究は見受けられない。マイクロカウンセリングを発展させ，その訓練プログラムをより洗練させていくためには，さらなる研究が望まれる。

第4節　マイクロカウンセリングにおけるモデリングの役割

　Daniels（2003）は，マイクロカウンセリングの訓練プログラムを構成する要素の1つであるモデリングが，カウンセリング技法を習得する上で最も重要なプロセスだと述べている。また，玉瀬（2008）は，マイクロカウンセリングがきわめて効果的な訓練プログラムである一因は，モデリングを巧みに用いる点にあり，マイクロカウンセリングの基礎研究にはモデリングの下位過程に立ち入る必要性があると述べている。マイクロカウンセリングの訓練プログラムをより洗練させていくためには，モデリングのプロセスに注目し，さらにはその下位過程について検討することが重要だといえよう。過去のモデリングの基礎研究には下位過程に立ち入ったものも多く（e.g., Bandura, 1971, 1986；坂野，1986），観察による学習をより促進する方略を明らかにしている。モデリングを促進する方略をマイクロカウンセリングに取り入れることができれば，その訓練プログラムとしての有効性をより高めていくことができるだろう。

　本節では，まず社会的学習理論（Bandura, 1971, 1986）の視点からモデリングの詳細について述べる。その後，マイクロカウンセリングにおけるモデリングの役割を概観し，マイクロカウンセリングの訓練プログラムとモデリングの下位過程の関連について述べる。最後に，モデリングの下位過程の観点から，マイクロカウンセリングの訓練プログラムの発展方法を提案する。

　以降，用語の混同を避けるために，マイクロカウンセリングの訓練プログラムに含まれるモデリングを指す場合には"マイクロカウンセリングにおけるモデリング"，社会的学習理論や基礎的な研究におけるいわゆる観察学習としてのモデリングを指す場合には，単に"モデリング"と表現する。

第1項　社会的学習理論とモデリング

Bandura (1971, 1986) は，社会的学習理論の中心的概念として，他者の行動と結果を観察することによって新たな行動を獲得する"モデリング"を提唱した。モデリングでは，観察によって習得するものは特定の刺激と反応の連合ではなく，モデルに含まれる象徴的表象であると仮定している。つまり，モデルに含まれる情報を象徴的に受け取り，保持し，必要に応じて再生するという，個人の情報処理過程を前提としている。このモデリングにかかわる情報処理過程は，観察者がモデルに対して注意を向ける注意過程，観察により得られた情報を内的表象に置き換え保持する保持過程，保持した内容の外顕的遂行にかかわる運動再生過程，保持したものを遂行するか否かにかかわる動機づけ過程，という4つの下位過程に分類されている（Figure 1-4）。

注意過程とは，観察者がモデルに対して注意を向ける過程である。観察者

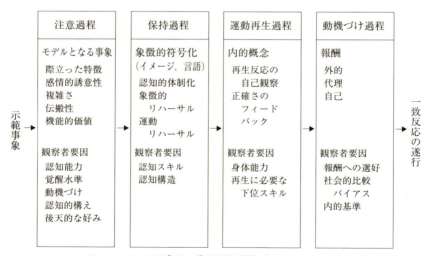

Figure 1-4　モデリングの下位過程（Bandura, 1986）

は，モデルに含まれる手がかりに注目し，複雑なモデルの反応の中から最も適切なものを選択し，正確に知覚しなければならない。そうすることができるのは，単にモデルが観察者の目の前にあるというだけではなく，観察者自身がモデルに注意を向けるという能動的な機能を働かせているからである。モデリングによる学習では，観察者がモデルの反応の際立った特徴に注目し，認知し，弁別しなければならない。

　保持過程とは，モデルの反応を象徴化し，一時的，あるいは長期的に保持する過程である。象徴化されたモデルの反応は，観察者が行動を再生する際の手掛かりとして機能する。この象徴化には，イメージおよび言語表象という2つの表象系が大きな役割を果たしている。モデリング成立の著しい速さと示範事象の長期的な保持は，言語表象の働きによって特に高められる。言語に置き換えられた内容は，イメージによるものや行動的なものよりも多くの情報量を蓄えることができる。したがって正確な学習とその保持が促進されるのである。

　運動再生過程とは，注意，保持過程において獲得，保持したものの外顕的遂行にかかわる過程である。観察者は，観察によって学習した事実，つまり象徴化した情報を利用して，実際に行動として外顕化させる。この際，複雑な行動様式は過去に学習した成分反応の組み合わせで作られるが，その反応を構成する成分としての行動を観察者が学習していなければ再生はできない。また，観察者の運動，身体能力による制限も再生の程度を規定する。

　動機づけ過程とは，獲得，保持したものを実際に遂行するか否かにかかわる過程である。観察によってモデルの行動を習得し，それを実行に移す運動あるいは身体能力を備えていても，常に外顕的な行動が生起するわけではない。習得した行動を，いつどのように遂行するかということには動機づけが大きくかかわってくる。動機づけ過程の役割は，習得した行動が外的に遂行されるのをコントロールする。習得した行動の遂行に影響を及ぼすのが，観察者自身が受ける強化やモデルの受ける代理強化である。

モデリングは，上述してきた4つの下位過程によって構成されているが，いずれか1つの下位過程を促進することでも，その学習効果は高まる。マイクロカウンセリングにおけるモデリングに，この4つの下位過程の考え方を取り入れる際には，それがどの下位過程と関連が深く，どの下位過程を促進することが有効なのかを検討する必要がある。この点については，第3項で詳細に述べる。

第2項　マイクロカウンセリングの構成要素としてのモデリング

　マイクロカウンセリングの訓練プログラムは，解説，モデリング，練習，フィードバックで構成されているが，ここでは特に訓練効果を促進するとされているモデリングに焦点を当て，その役割について述べていく。これまでにマイクロカウンセリングにおけるモデリングの効果を検討した代表的な研究を Table 1-2 に示す。以下，マイクロカウンセリングにおけるモデリングの役割を明確にするために，それらの研究を発表年順ではなく，研究結果が示唆する内容ごとに取りまとめながら概観していく。

　Peters, Cormier, and Cormier (1978) は，マイクロカウンセリングにおけるモデリングの訓練効果を検討するために，大学院生を対象とした実験を行っている。モデリングの訓練効果を検討するために，モデリング条件，モデリング＋練習条件，モデリング＋練習＋フィードバック条件，モデリング＋練習＋フィードバック＋修正（フィードバックを受けてもう一度練習する段階）条件の4条件を比較したところ，モデリングがカウンセリング技法の習得を促進するが，練習，フィードバック，修正を追加した場合でもモデリングのみの効果を上回る効果は見出されなかった。この結果は，カウンセリング技法の習得にはモデリングの効果が大きいことを示している。しかし，この研究では追跡調査が行われていないため，各条件の習得内容の長期的保持に関する効果は不明である。

　May (1984) は，キャリアカウンセラーに対してモデリングを用いたマイ

Table 1-2 マイクロカウンセリングにおけるモデリングの効果に関する研究（発表年順）

研究者	研究内容	結果
Frankel (1971)	モデリング，フィードバック，マニュアル	モデリングとフィードバックのそれぞれが，マニュアルよりも有効
Uhlemann, Lea, & Stone (1976)	モデリングと解説	解説あるいは解説とモデリングの組み合わせが有効 モデリング単独では効果なし（モデルの不備を報告）
Peters, Cormier, & Cormier (1978)	モデリング，練習，フィードバック，修正の効果	モデリングが有効 モデリングに練習，フィードバック，修正を追加した場合においてもそれ以上の効果は得られない
Fyffe & Oei (1979)	モデリングとフィードバック	複雑な技法にはモデリングとフィードバックの組み合わせが有効
May (1984)	モデリング，講義，マニュアルの効果	モデリングを講義とマニュアルの組み合わせに追加すると，講義とマニュアルの組み合わせやマニュアル単独よりも効果的
Russell, Crimmings, & Lent (1984)	モデリングとスーパービジョン	モデリング単独でも有効であるが，モデリングとスーパービジョンの組み合わせが最も効果的
Veltum & Miltenberger (1989)	モデリングと解説	モデリングと解説の組み合わせが，それぞれを単独で使用するよりも効果的
玉瀬（1990）	モデリングとマニュアル	モデリング単独でも有効であるが，モデリングとマニュアルの組み合わせが最も効果的

クロ技法訓練を実施している。その際，従来の講義形式の授業および文章のマニュアルの組み合わせにモデリングを追加すると，講義形式の授業とマニュアルを組み合わせた場合やマニュアルのみの場合よりも訓練効果が高まることを明らかにしている。Veltum and Miltenberger (1989) は，大学院生を対象にマイクロカウンセリングの構成要素である解説とモデリングによる訓練を実施し，カウンセリング場面におけるマイクロ技法の使用頻度を分析した。その結果，解説とオーディオモデルによるモデリングを訓練に追加することで，カウンセリング場面におけるマイクロ技法の使用頻度が増加することが明らかになった。玉瀬（1990）は，大学生を対象に，マイクロカウンセ

リングの構成要素の組み合わせの効果を検討している。感情の反映の習得において，解説書を読むマニュアル条件，オーディオモデルによるモデリング条件，マニュアル＋モデリング条件，処遇なしの統制条件の4条件を比較したところ，マニュアル＋モデリング条件の習得度が最も高く，次いでモデリング条件，マニュアル条件という順であった。これらの研究の結果は，モデリングが訓練効果を高め，さらに他の構成要素をモデリングに追加することで訓練効果がより高まることを示唆している。

　Fyffe and Oei (1979) は，マイクロカウンセリングの訓練プログラムの構成要素であるモデリングとフィードバックを組み合わせ，新人カウンセラーを対象に，かかわり行動，最小限のはげまし，質問技法，感情の反映の訓練を実施した。その結果，スーパーバイザー（訓練指導者）によるモデリングは，かかわり行動や最小限のはげましなどの単純な技法であれば必ずしも必要ではないが，感情の反映のような，より複雑な技法を学習するためにはモデリングが有効であることが明らかとなった。Frankel (1971) は，感情の反映の訓練において，モデリング，フィードバック，マニュアル（統制群）の効果を実験によって検討しているが，この結果も，モデリングとフィードバックがマニュアルよりも感情の反映の習得に効果的であった。これらの研究結果は，より複雑なカウンセリング技法を習得する際には，モデリングが有効であることを示している。

　Russell, Crimmings, and Lent (1984) は，1970年から1979年に実施されたマイクロカウンセリング以外のカウンセラートレーニング研究と，1973年から1979年に実施されたマイクロカウンセリング研究におけるモデリングの役割をレビューしている。その結果，モデリングは基礎的なカウンセリング技法を指導する上で独立して使用しても有効であり，スーパービジョンにモデリングを追加することでその効果はさらに高まると述べている。

　一方で，マイクロカウンセリングにおけるモデリングの効果を支持しない研究結果もある。Uhlemann, Lea, and Stone (1976) は，感情の反映の習得

における解説とモデリングの効果を検討するために，ビデオによる解説条件，ビデオモデルによるモデリングのみの条件，解説の後にモデリングを実施する条件，モデリングの後に解説を実施する条件，処遇なしの統制条件の5条件を比較した。その結果，解説条件，解説の後にモデリングを実施する条件，モデリングの後に解説を実施する条件の3条件による訓練は有効であったが，モデリングのみの条件では感情の反映が習得されていなかった。このため，解説による効果はあったが，モデリングそのものの効果は確認されなかったと報告している。ただし，この研究で用いたモデリング用のビデオでは，モデルへの注意喚起とモデルの提示時間がともに不十分であったことも報告されている。この結果は，モデルの提示方法によってはモデリングの効果が損なわれることを示唆するものだといえよう。

　上述してきた研究を総括すると，マイクロカウンセリングにおけるモデリングの効果と留意点は以下のようにまとめられよう。

(a) マイクロカウンセリングにおけるモデリングは，単独でも機能し，カウンセリング技法の習得を促進する。
(b) マイクロカウンセリングにおけるモデリングは，訓練なし，講義形式，マニュアルによる解説といったものよりも効果的である。
(c) マイクロカウンセリングにおけるモデリングは，訓練プログラムに含まれる他の構成要素と組み合わせることでさらに効果的なものとなる。
(d) マイクロカウンセリングにおけるモデリングは，より複雑なカウンセリング技法を学ぶ際に重要な要素となる。
(e) マイクロカウンセリングにおけるモデリングの効果を最大限に発揮するためには，モデルの提示方法に工夫が必要である。

　以上のことから，Daniels（2003）や玉瀬（2008）が述べているように，マイクロカウンセリングにおけるモデリングは，カウンセリング技法の習得を促進する鍵となるプロセスだといえる。

第3項　マイクロカウンセリングの訓練プログラムとモデリングの下位過程の関連

　ここまで，マイクロカウンセリングにおけるモデリングの役割とその効果に関する研究を概観してきたが，従来の研究ではモデリングの下位過程までが検討対象とされることはなかった。玉瀬（2008）は，マイクロカウンセリングを発展させるにはモデリングの下位過程に立ち入る必要性があることを述べている。過去のモデリングの基礎研究には下位過程に立ち入ったものも多く（e.g., Bandura, 1971, 1986；坂野，1986），観察による学習をより促進する方略を明らかにしている。Uhlemann et al. (1976)の研究結果からも示唆されるように，モデリングは単に実行すれば良いというものではなく，いかにモデリングさせるかが重要なプロセスである。

　さて，ここで問題となるのが，マイクロカウンセリングの訓練プログラムの構成要素である，"解説，モデリング，練習，フィードバック"と，モデリングの下位過程である"注意，保持，運動再生，動機づけ過程"の要因の関連性である。仮定される関連性を Figure 1-5 に示し，以下に解説する。

　まず，マイクロカウンセリングにおける"解説"は，習得対象となる1つの技法についての理論的説明を受け，その技法がどのような意味をもち，どのような機能をもっているのかを理解する過程である。解説を受けることに

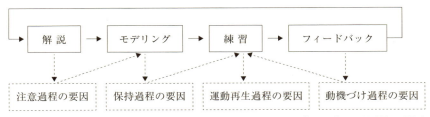

Figure 1-5　マイクロカウンセリングの訓練プログラムとモデリングの下位過程の関連

よって，習得対象となる技法の包括的な情報が得られ，要点を理解することができるため，後のモデリングでの注目すべき点が明確になると考えられる。つまり，マイクロカウンセリングにおける解説は，モデリングの下位過程の1つである注意過程の要因と関連するものだと考えられる。

次に，マイクロカウンセリングにおける"モデリング"は，習得対象となる技法を実際に使用しているモデルを観察する過程である。この際，解説によって促進された注意過程の要因が，モデルの適切な反応への注意を高めると考えられる。モデルを観察した後は，それを保持しなければならない。しかし，後の実演では，ただ同じ行動を繰り返すだけでは意味がなく，異なる状況で，かつ適応するようにモデルの行動を再生しなくてはならない。そのため，モデルの行動をそのまま保持するのではなく，モデルの行動の本質を抽出し，保持する必要がある。これは，保持過程の要因と関連するものと考えられる。

マイクロカウンセリングにおける"練習"は，モデリングによって習得したカウンセリング技法を，実際の行動として外顕的に表出し，遂行する過程である。この際，観察者が遂行する内容は，先のモデリングで保持された情報を手がかりとして再生されるため，保持過程の要因の影響を受ける。練習によって遂行された内容は，観察者の自己観察や遂行内容の修正材料となる。これは，運動再生過程の要因と関連するものと考えられる。

マイクロカウンセリングにおける"フィードバック"は，訓練のパートナーあるいは指導者から練習時に使用したカウンセリング技法についての感想を得る過程である。これは，フィードバック内容を参考に練習で遂行した内容を修正し，望ましい点は強化される機会となる。このことから，マイクロカウンセリングにおけるフィードバックは，動機づけ過程の要因と関連するものであり，動機づけ過程の要因は行動の外顕化，つまり練習における遂行内容に影響を及ぼすものと考えられる。

このように，マイクロカウンセリングの訓練プログラムとモデリングの下

位過程の関連をみてみると，マイクロカウンセリングにおけるモデリングは，注意過程および保持過程の要因と関連が深いことが分かる。この2つの要因の促進方法を検討することが，マイクロカウンセリングにおけるモデリングの効果を高める手がかりとなるであろう。マイクロカウンセリングの訓練において重要なことは，観察者がカウンセリング技法を習得することである。観察者がカウンセリング技法をどの程度習得できているかは，"練習"におけるパフォーマンスで明らかとなるが，第2項でも述べたように，その成果は"モデリング"の効果によるところが大きい。マイクロカウンセリングによる訓練では，モデリングの効果を高め，練習の成果をあげることが重要である。

第4項 マイクロカウンセリングとモデリングの言語化

マイクロカウンセリングの訓練プログラムとモデリングの下位過程の関連をみてきたところ，マイクロカウンセリングにおけるモデリングは，主にモデルを観察するというプロセスを指し，注意過程および保持過程の要因と密接な関連のあることが分かった。モデリングの基礎研究には，下位過程に立ち入ったものも多く，注意過程や保持過程を促進する方略も明らかとなっている。それらの知見をマイクロカウンセリングのモデリングにも応用することで，訓練プログラムをより効果的なものへと発展させることが可能となる。

Bandura (1971, 1986) によると，モデリングによる学習を効果的かつ長期的なものとできるか否かは，保持過程における言語およびイメージという2つの表象系の働きによって左右される。特に言語表象は，モデリングの成立と学習内容の長期的保持を促進するものとして，その役割が重要視されている。モデリングに関する先行研究では，保持過程における言語表象を操作するために観察者自身による言語化という手続きを用いて実験がなされてきた (e.g., Bandura, Grusec, & Menlove, 1966；Gerst, 1971；坂野，1986；田中・中沢・松崎・松田，1980)。

Bandura et al.(1966)は，ビデオモデルを用いて実験参加者に新奇な行動系列を観察させた。その際，モデルを注意深く観察する注目条件，モデルの遂行内容を言葉に置き換える言語化条件，観察中に数字を数える統制条件の3条件を比較したところ，言語化条件の行動再生率が最も高く，次いで注目条件，統制条件の順であった。また，言語化条件における言語化内容と再生率の関連をみたところ，モデルの行動を適切に言語化した者の再生率は60％であったのに対し，不適切に言語化した者の再生率は25％であった。これらの結果は，モデルの遂行内容を適切に言語化することが，モデリングによる新奇行動の習得を促進することを示している。

　Gerst(1971)は，ビデオモデルを用いて実験参加者に聾唖者が使用する指文字を観察させた。その際，言語を用いずにモデルの反応を想起するイメージ表象条件，モデルの指の動きを詳細に言語に置き換える具体的言語化条件，モデルの重要なポイントを言語に置き換える概要言語化条件，暗算をする統制条件の4条件を比較したところ，直後再生テストでは，概要言語化条件とイメージ表象条件の再生率が高く，次いで具体的言語化条件，統制条件の順であった。さらに，15分後の遅延再生テストでは，概要言語化条件の再生率が最も高く，他の3条件に有意差はなくなっていた。また，概要言語化条件における言語化内容と再生率の関連をみてみると，言語化されなかった反応の再生率は7％であり，言語化された反応の再生率は52％であった。これらの結果は，モデルの遂行内容の要点を言語化することが，モデリングによる行動の習得とその維持を促進することを示している。また，言語化内容が習得内容と関連していることを示唆している。

　坂野(1986)は，モデリングにおける言語化の効果を様々な視点から検討している。そこでは，観察者によるモデリングの言語化の効果を2つ挙げている。第1に，モデリングの言語化は注意過程にかかわり，モデルのある特性に対する観察者の注意や観察を選択的に強めるという点で学習に影響を及ぼすと述べている。第2に，モデリングの言語化は保持過程にかかわり，モ

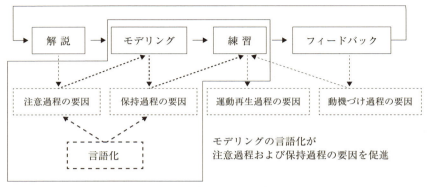

Figure 1-6　マイクロカウンセリングにおけるモデリングの言語化が下位過程に及ぼす影響

デリング課題の解決に通用するルールを抽出し，その長期的な保持を容易にし，後にモデルの遂行内容との一致反応を再生するための媒介的機能を果たすという点で学習に影響を及ぼすと述べている。

　以上のことから，モデリングにおける言語化は，その下位過程である注意過程および保持過程を促進し，結果として学習をより効果的なものにするといえよう。先に述べたように，マイクロカウンセリングにおけるモデリングは，注意過程および保持過程と密接な関連がある。よって，モデリングの言語化を取り入れることでカウンセリング技法の習得と維持を促進することが可能になると考えられる（Figure 1-6）。ただし，マイクロカウンセリングで扱われるマイクロ技法は，基礎的なモデリング研究が対象としてきた習得課題（弁別課題や規則性のある動作）よりも複雑なルールを有するものが多く，言語化の難度は高まることが予測される。基礎的な研究で有効とされてきた方略を，マイクロ技法の習得というより複雑な課題場面に適用するには，客観性や再現性とともに研究手法の妥当性に重きをおいた検討が求められるだろう。

第5節　本研究の目的

　本研究の主たる目的は，マイクロカウンセリングの訓練プログラムをより効果的なものへと発展させることにある。マイクロカウンセリング自体の有効性は数多くの研究が実証しているところだが，その訓練プログラムを構成する要素を個別に検討することで，さらなる改良の余地が見込まれる。

　マイクロカウンセリングの訓練プログラムに含まれるモデリングは，カウンセリング技法の習得を最も促進させる構成要素である。この点に，マイクロカウンセリングをより効果的なものへと発展させるための手掛かりがある。マイクロカウンセリングにおけるモデリングは，基礎的なモデリング研究の視点を取り入れると，注意過程と保持過程に密接に関連している。このように捉えると，マイクロカウンセリングにおけるモデリングは，モデルの遂行内容の本質を抽出し，カウンセリング技法のルールを習得，保持する過程であると考えられる。この過程を促進するためには，モデリングの言語化が有効である。

　そこで本研究は，マイクロカウンセリングにおけるモデリングの言語化の効果について検討する。第2章では，マイクロカウンセリングのモデリングにおいて言語化は有効であるのかを確かめるために，モデルの遂行内容を観察者自身が言語化する条件，他者が言語化する条件，言語化しない条件を設定した上で，カウンセリング技法の習得度を比較する（研究1）。研究1において，モデリングの言語化がカウンセリング技法の習得を促進することが明らかとなれば，その習得したカウンセリング技法を，実践場面を想定したより複雑な課題へ応用可能かどうかを検討する（研究2）。第3章では，モデルの遂行内容を観察者自身が言語化した際，その言語化内容がカウンセリング技法の習得と維持にどのような影響を及ぼすかを検討する（研究3）。さらに，マイクロカウンセリングの訓練では指導者といった他者がモデルの遂行内容

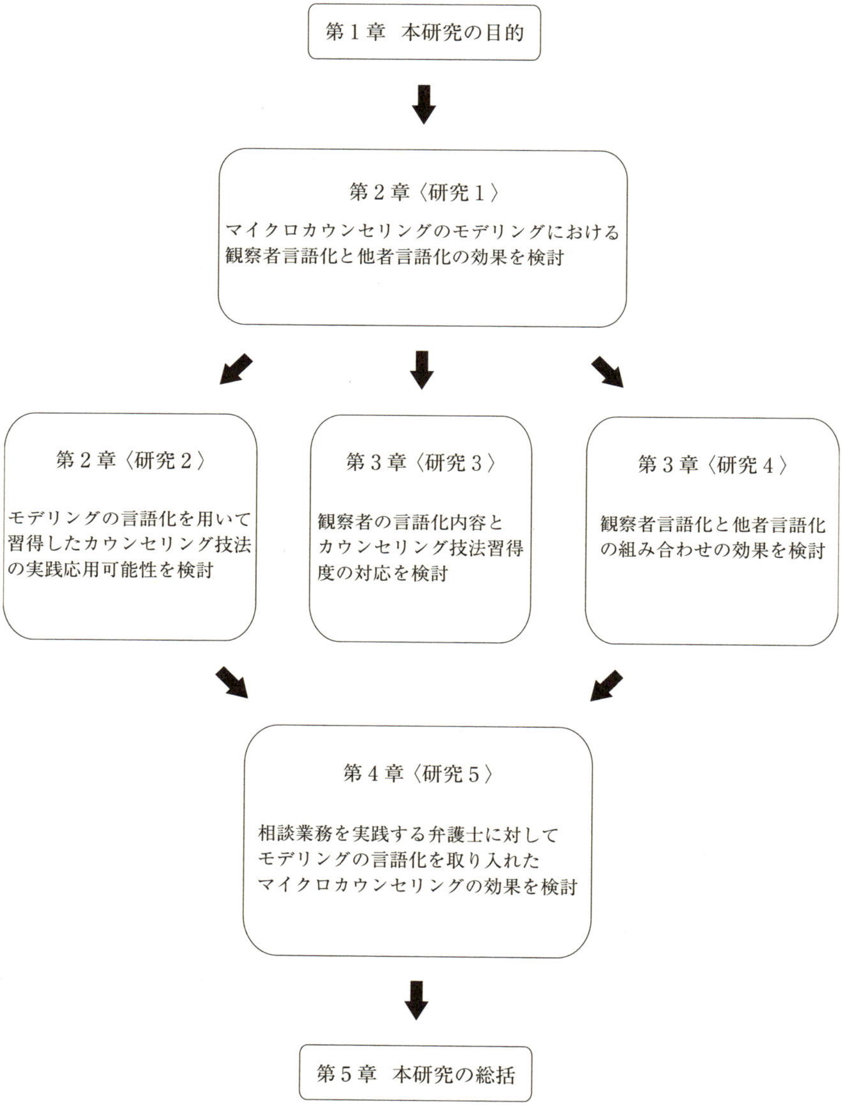

```
┌─────────────────────────┐
│   第1章 本研究の目的    │
└─────────────────────────┘
            ↓
┌─────────────────────────────────────┐
│          第2章〈研究1〉              │
│ マイクロカウンセリングのモデリングに │
│ おける観察者言語化と他者言語化の     │
│ 効果を検討                           │
└─────────────────────────────────────┘
       ↙        ↓         ↘
┌──────────┐ ┌──────────┐ ┌──────────┐
│第2章〈研究2〉│ │第3章〈研究3〉│ │第3章〈研究4〉│
│モデリングの│ │観察者の言語│ │観察者言語化│
│言語化を用い│ │化内容とカウ│ │と他者言語化│
│て習得したカ│ │ンセリング技│ │の組み合わせ│
│ウンセリング│ │法習得度の対│ │の効果を検討│
│技法の実践応│ │応を検討    │ │            │
│用可能性を検│ │            │ │            │
│討          │ │            │ │            │
└──────────┘ └──────────┘ └──────────┘
       ↘        ↓         ↙
┌─────────────────────────────────────┐
│          第4章〈研究5〉              │
│ 相談業務を実践する弁護士に対して     │
│ モデリングの言語化を取り入れた       │
│ マイクロカウンセリングの効果を検討   │
└─────────────────────────────────────┘
                  ↓
       ┌─────────────────────┐
       │  第5章 本研究の総括 │
       └─────────────────────┘
```

Figure 1-7　本書の流れ

を解説によって言語化することが一般的であるため，モデリングの言語化の効果をより確実なものにするためにも，観察者による言語化と他者による言語化を組み合わせた効果を検討する（研究4）。第4章では，実際に相談業務を行っている弁護士を対象とし，マイクロカウンセリングにおけるモデリングの言語化を実践導入した訓練を実施し，カウンセリング技法が相談業務において有効に活用されるかどうかを検討する（研究5）。第5章は，総合考察とし，5つの研究の総括を述べる。Figure 1-7 に本書の流れを図示する。

なお，本書における全ての研究は，日本心理学会が公表している倫理規定を遵守し，実験参加者には，実験内容に負荷やリスクを感じた際には自由に離脱できること，個人情報の取り扱いに留意したデータ管理を行うことを説明し，それらに書面で同意した者のみを対象とした。

第2章　マイクロカウンセリングにおける
モデリングの言語化の効果

第1節　カウンセリング技法習得に及ぼすモデリングの言語化の効果（研究1）

　第1章では，マイクロカウンセリングによる訓練がカウンセリング技法の習得に有効であり，特に訓練プログラムに含まれるモデリングはその効果をいっそう高める要因となっていることを述べた。しかし，マイクロカウンセリングにおけるモデリングのプロセスには，従来から積み重ねられてきたモデリングに関する基礎的な研究の知見がさほど活用されていない。例えば，モデリングに関する基礎研究では，モデルの遂行内容の言語化が観察による学習をより促進することが明らかにされてきた（e.g., Bandura et al., 1966；Gerst, 1971；坂野，1986；田中他，1980）。基礎研究において得られた知見と手法を，マイクロカウンセリングにおけるモデリングに取り入れることができれば，その効果はより高く安定したものになると期待できる。そこで研究1は，マイクロカウンセリングにおけるモデリングの言語化の効果を検討する。

　マイクロカウンセリングにおいてモデルの遂行内容を言語化する際，観察者である被訓練者自身が言語化する場合と，指導者が言語化する場合とが考えられる。過去にモデリングの言語化の効果について検討した研究（e.g., Bandura et al., 1966；Gerst, 1971；坂野，1986；田中他，1980）では，観察者自身による言語化を扱っており，他者による言語化の効果は不明である。通常，マイクロカウンセリングの訓練では指導者がモデルについて解説することが多く，これは他者による言語化と捉えることができる。マイクロカウンセリ

ングにモデリングの言語化を取り入れるためにも，実践場面に即した検討が必要であり，観察者自身による言語化と他者による言語化の効果をそれぞれ明確にする必要がある。

　上記のことを踏まえ，研究1では，モデリングの言語化に関する3つの条件（観察者自身による言語化：自己言語化群，実験者による言語化：実験者言語化群，言語化なし：モデリングのみ群）と，テスト時期に関する3条件（モデル観察前：前テスト，モデル観察後：後テスト，1週間後：追跡テスト）を設定し，マイクロカウンセリングにおけるモデリングの言語化の効果を検討する。

　なお，本書における全ての研究では，一貫して"いいかえ技法"をカウンセリング技法習得の測度対象とした。マイクロカウンセリングでは，傾聴技法の代表的なものとして，かかわり行動，質問技法，はげまし，いいかえ技法，要約技法，感情の反映技法を挙げているが，かかわり行動やはげましはモデリングなしでも習得できる可能性があるため（Fyffe & Oei, 1979），本研究の測度としては適していない。要約技法はセッション中に語られた内容を幅広くいいかえるものであり，感情の反映技法はより情動に焦点を当てたいいかえである。これら2つの技法は，いいかえ技法の習得により応用可能だと考えられる。よって，基礎的なカウンセリング技法の習得を測定するものとして，いいかえ技法を対象とすることは妥当であるといえる。

方　法

実験参加者

　実験に参加したのは大学生45名（男性23名，女性22名）であり，平均年齢は21.16歳（$SD=1.21$歳）であった。心理学関連の講義時に参加を募り，募集対象者には，カウンセリング技法の習得に関する実験であること，参加することで傾聴技法の1つを習得できるであろうことを伝えた。実験参加者は心理学専攻の学部生であったが，カウンセリング技法に関する訓練を受けたこと

はなかった。実験参加者は無作為に15名ずつ，自己言語化群，実験者言語化群，またはモデリングのみ群のいずれかに割り当てた。

実験計画

3×3の2要因混合計画を用いた。第1の要因は，言語化条件（自己言語化，実験者言語化，モデリングのみ）であり，第2の要因は，テスト時期（前テスト，後テスト，追跡テスト）であった。

課題

実験参加者には，実験者が作成した模擬的なクライエントの発言に対して，いいかえ技法を用いて応答することを求めた。いいかえ技法は，カウンセラーがクライエントの話の内容を簡潔に整理し伝え返すものである。単にクライエントの話を繰り返すのではなく，メッセージの中の事実内容に焦点を当て，カウンセラー自身の言葉を用いたいいかえである（福原他，2004；玉瀬，2008）。

材料

(1) テスト用刺激

モデリングの前後と追跡テスト時に実験参加者のいいかえ技法の習得度を測定するために使用した。模擬的な相談として作成した"クライエントの発言"を刺激文として，ICレコーダーに録音して用いた。テスト用刺激文の内容は，課題としての難易度を統制するため，文字数は140字－160字とし，その内容には，背景となる状況，その状況で生じた出来事，その結果を含むものとした。テスト用刺激は6パターン用意し，前テスト，後テスト，追跡テストのそれぞれで2パターンずつ使用した。なお，テスト用刺激は，全実験参加者に対して同様の順序で提示した。次にテスト用刺激の一例を示す。

"衣替えをしようと思ってクローゼットの整理をしたんです。そうしたら，

かなり前に片付けておいたお気に入りの漫画が出てきたんです。初めはパラパラ読んでたんですけど，内容も忘れていたし，すごく面白かったので次第に真剣になってしまったんです。結局，その日はクローゼットの整理はできませんでした。"

(2) モデリング用刺激

"クライエントの発言"とそれらに対する"モデルの応答"をICレコーダーに録音して用いた。モデリング用刺激は2パターン用意し，全実験参加者に対して同様の順序で提示した。マイクロカウンセリングの訓練では，ビデオモデルもしくはオーディオモデルを用いるが（玉瀬・田中，1988），本実験ではオーディオモデルを採用した。その理由は，ビデオモデルに含まれる非言語行動（姿勢や身振り）を排除し，いいかえ技法の主たる要素である言語行動への注目を高めるためである。次にモデリング用刺激の一例を示す。

"最近，早く起きるのが面倒だったんですけど，遅刻が多くなってきたので，珍しく早起きして学校に行ったんです。そしたら，電車の中で中学校を卒業してから全然会うことのなかった友達とばったり会ったんです。久しぶりに会ったんで，話がはずんですごく楽しかったです。こんなことがあるなら，これからも早起きしようって思いました。"（クライエントの発言）

"遅刻しないように早起きして学校に向かうと，久しぶりに再会した友人と楽しい時間を過ごせ，それがきっかけでこれからも早起きしようと思えるようになったんですね。"（モデルの応答）

なお，テスト用刺激6パターンとモデリング用刺激2パターンのすべてを巻末の附表1に示す。課題として使用した"クライエントの発言"8パターン（テスト用刺激での6パターンとモデリング用刺激での2パターン）の難易度の等質性は，大学生6名の評定によって確認した。評定者らには，提示された刺激文に対していいかえ技法を用いて応答するよう求め，課題実施後にその難易度を7件法（1：いいかえが容易，7：いいかえが困難）で評定させた。そ

の結果,各刺激の評定平均値は, A＝2.17, B＝2.50, C＝2.67, D＝2.33, E＝2.33, F＝2.17, G＝2.50, H＝2.33であった。この8パターンの刺激の評定平均値に差がないかを検討するためにフリードマン検定を行ったところ,有意差はなく（$\chi^2(7)=2.97, n.s.$）,難易度の等質性が示された。

実験手続き

 実験は,個別に実施した。実験参加者の前方のテーブルの上にスピーカーを配置し,実験者は実験参加者に対して90度の角度で座った。ICレコーダーは実験者が操作した。実験は,前テスト,モデリング,後テスト,追跡テストの順で行った。

（1）前テスト

 モデリング前に参加者がどの程度適切な応答が出来るかを測定した。教示は以下の通りである。"人はうまく話を聴いてもらえると,自分のことを理解してくれる人がいると安心できるものです。また,聴き手が上手に応えてあげることで,話し手は自分を今まで以上に明確にとらえることができるようになります。そこで本実験は,応え方についての実験を行います。このレコーダーの中に,最近の出来事について話をしてくれる人たちの発言内容が入っています。これから,その人たちの話をお聴かせしますので,あなたはカウンセラーになったつもりで,その人に何か応答してあげて下さい。なお,話は2パターンありますが,1パターンごとに応答していただきます。それではよろしくお願いします。"教示の後,テスト用刺激の1パターン目を再生し,再生が終わると同時に実験参加者に応答を求め,これを録音した。2パターン目も同様の手続きで行った。

（2）モデリング

 3つの言語化条件ごとに以下の処遇を実施した。

 自己言語化群には次の教示を与えた。"あなたに今,カウンセラー役をして頂いたわけですが,ここにカウンセラー役の反応として良い例を示したモ

デルの応答を録音してあります。このモデルの応答を聴いて頂いた後に，あなたに，モデルのカウンセラー役がどのようなことに気をつけて応答していたかをお尋ねします。ですので，モデルの応答をよく聴いておいて下さい。なお，モデルは2パターンあり，先ほど聴いて頂いたような話の後にモデルのカウンセラーが応答しています。それではよろしくお願いします。"教示の後，モデリング用刺激の1パターン目を再生した。再生が終了すると，実験者が"モデルのカウンセラー役はどのように応答していましたか。"と質問し，実験参加者にモデルの応答方法の要点を言語化するように求め，これを録音した。2パターン目も同様の手続きで行った。

　実験者言語化群には次の教示を与えた。"あなたに今，カウンセラー役をして頂いたわけですが，ここにカウンセラー役の反応として良い例を示したモデルの応答を録音してあります。このモデルの応答を聴いて頂いた後に，モデルのカウンセラー役がどのようなことに気をつけて応答していたかをお伝えします。ですので，モデルの応答をよく聴いておいて下さい。なお，モデルは2パターンあり，先ほど聴いて頂いたような話の後にモデルのカウンセラーが応答しています。それではよろしくお願いします。"教示の後，モデリング用刺激の1パターン目を再生した。再生終了後に"モデルのカウンセラー役は，自分自身の意見を伝えることはせずに応答しています。さらに，話の内容や意味を変えてしまわないよう気をつけながら，相手の話を自分自身の言葉を交えて簡潔にいいかえていました。"とモデルの応答方法の要点を実験者が言語化して伝えた。その後2パターン目を再生し，再生終了後に"モデルのカウンセラー役は，クライエントの伝えたいことの本質を捉え，重要なキーワードは残していいかえていました。"と伝えた。

　モデリングのみ群には次の教示を与えた。"あなたに今，カウンセラー役をして頂いたわけですが，ここにカウンセラー役の反応として良い例を示したモデルがあります。今からお聴かせしますので，モデルのカウンセラー役がどのように応答していたかを，よく聴いておいて下さい。なお，モデルは

2パターンあり，先ほど聴いて頂いたような話の後にモデルのカウンセラーが応答しています。それではよろしくお願いします。"教示の後，モデリング用刺激の1パターン目と2パターン目を再生した。

(3) 後テスト

モデリングの効果を確認した。教示は以下の通りである。"それでは，もう一度初めにやって頂いたように最近の出来事についての話をお聴かせしますので，カウンセラーになったつもりで何か応答してあげて下さい。なお，話は2パターンありますが，1パターンごとに応答していただきます。それではよろしくお願いします。"教示の後，テスト用刺激の1パターン目を再生し，再生が終わると同時に実験参加者に応答を求め，これを録音した。2パターン目も同様の手続きで行った。

(4) 追跡テスト

1週間後に追跡テストを実施した。教示は以下の通りである。"前回して頂いたように，最近の出来事についての話をお聴かせしますので，カウンセラーになったつもりで何か応答してあげて下さい。なお，テープは2パターンありますが，1パターンごとに応答してもらいます。それではよろしくお願いします。"教示の後，テスト用刺激の1パターン目を再生し，再生が終わると同時に実験参加者に応答を求め，これを録音した。2パターン目も同様の手続きで行った。

得点化の方法

各テスト時期で提示した"クライエントの発言"の刺激文をそれぞれ5分割し，当該部分を適切にいいかえた内容が実験参加者の応答に含まれていれば1点を与えるように評定を行った。つまり，1応答につき最大5点を与え，それをいいかえ技法得点として評定した。実験参加者には各テスト時に2回の応答を求めたので，前テスト，後テスト，追跡テストのそれぞれで0－10点の範囲で得点が与えられることになる。応答内容の評定は，実験者ならび

にいいかえ技法の説明と訓練を受けた大学院生2名の計3名で行い,3者の評定にずれがあった対象については合議によって得点を決定した。

結　果

いいかえ技法得点

応答内容を得点化した3名の一致率を調べるためにκ係数を算出したところ,実験者と評定者Aの間では$\kappa = .81$,実験者と評定者Bの間では$\kappa = .73$,評定者Aと評定者Bの間では$\kappa = .71$であった。この結果,評定者間の得点は実質的に一致していたことが分かった。分析には合議決定した得点を採用した。Table 2-1 に群ごとのいいかえ技法得点の平均値と標準偏差を示す。

いいかえ技法得点の分析結果

前テストにおける各群のいいかえ技法得点が等質であったかを調べるために,言語化条件を独立変数,前テストのいいかえ技法得点を従属変数とする1要因の分散分析を行ったところ,主効果は有意でなかった($F(2, 42) = 1.42, n.s.$)。この結果から,前テストにおける3群のいいかえ技法得点は等質であることが分かった。

Table 2-1　各群におけるいいかえ技法得点の平均値と標準偏差

群		前テスト	後テスト	追跡テスト
自己言語化群	M	2.00	6.27	6.53
($n=15$)	SD	1.79	0.99	1.59
実験者言語化群	M	1.93	4.00	5.20
($n=15$)	SD	2.02	1.27	1.93
モデリングのみ群	M	1.00	3.67	3.47
($n=15$)	SD	1.41	2.36	1.96

第2章 マイクロカウンセリングにおけるモデリングの言語化の効果　35

　続いて，モデリング時の言語化方法の違いによって各群のいいかえ技法得点がどのように変化したかを検討するために3（言語化条件：自己言語化，実験者言語化，モデリングのみ）×3（テスト時期：前，後，追跡）の分散分析を行った。その結果，言語化条件の主効果（$F(2, 42) = 9.89$, $p < .01$）とテスト時期の主効果（$F(2, 84) = 74.59$, $p < .01$）および言語化条件×テスト時期の交互作用（$F(4, 84) = 3.44$, $p < .05$）のそれぞれが有意であった。

　言語化条件×テスト時期の交互作用について，単純主効果検定を行ったところ，言語化条件の単純主効果は，後テスト（$F(2, 126) = 9.16$, $p < .01$）と追跡テスト（$F(2, 126) = 10.82$, $p < .01$）で有意であり，テスト時期の単純主効果は，自己言語化群（$F(2, 84) = 46.21$, $p < .01$），実験者言語化群（$F(2, 84) = 19.49$, $p < .01$），モデリングのみ群（$F(2, 84) = 15.75$, $p < .01$）のいずれにおいても有意であった。検定結果を分かりやすくするために，Table 2-1 に示したいいかえ技法得点の平均値を Figure 2-1 に図示する。

　Ryan 法による下位検定を行ったところ，テスト時期別にみて，まず後テストでは，自己言語化群と実験者言語化群（$t(126) = 3.43$, $p < .05$），自己言

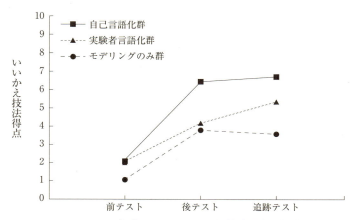

Figure 2-1　各群におけるいいかえ技法得点の推移

語化群とモデリングのみ群（$t(126)=3.93$, $p<.05$）の差が有意であり，自己言語化群は他の2群よりもいいかえ技法得点が高いことが分かった。追跡テストでは，自己言語化群と実験者言語化群（$t(126)=2.02$, $p<.05$），自己言語化群とモデリングのみ群（$t(126)=4.64$, $p<.05$），実験者言語化群とモデリングのみ群（$t(126)=2.62$, $p<.05$）の差が有意であり，自己言語化群のいいかえ技法得点が最も高く，次いで実験者言語化群，そしてモデリングのみ群が最も低いことが分かった。

言語化条件別にみて，まず自己言語化群では，前テストと後テスト（$t(84)=8.06$, $p<.05$），前テストと追跡テスト（$t(84)=8.57$, $p<.05$）の間に有意差があり，後テストと追跡テストのいいかえ技法得点が，前テストより高いことが分かった。実験者言語化群では，前テストと後テスト（$t(84)=3.91$, $p<.05$），前テストと追跡テスト（$t(84)=6.17$, $p<.05$），後テストと追跡テスト（$t(84)=2.27$, $p<.05$）の間に有意差があり，追跡テストのいいかえ技法得点が最も高く，次いで後テスト，そして前テストが最も低いことが分かった。モデリングのみ群では，前テストと後テスト（$t(84)=5.04$, $p<.05$），前テストと追跡テスト（$t(84)=4.66$, $p<.05$）の間に有意差があり，後テストと追跡テストのいいかえ技法得点が，前テストより高いことが分かった。

考　察

いいかえ技法習得における聴覚モデリングの効果

言語化条件に関わらず，音声モデルによる聴覚モデリングを経験した全ての群のいいかえ技法得点が前テストから後テストにかけて上昇していた。この結果から，マイクロカウンセリングにおけるいいかえ技法の習得に聴覚モデリングが有効であることが示唆された。本研究では，聴覚モデリングをしない条件を設定していないが，他の関連研究（e.g., Frankel, 1971；May, 1984；

Peters et al., 1978；玉瀬，1990）の結果を踏まえると，いいかえ技法の習得には聴覚モデリングが一定の効果を有するものとみて良いだろう。玉瀬（1990）は，マイクロカウンセリングで扱われる技法の1つである感情の反映を標的にして，聴覚刺激を用いたモデリング群とモデリングなしの統制群の習得度を比較している。その結果，統制群は技法を習得せず，モデリング群は技法を習得していた。いいかえ技法と感情の反映は，クライエントの相談内容を適切な言葉で伝え返す技法としてまとめられる（玉瀬，2008）。いいかえ技法は事実内容に，感情の反映は情動に焦点を当てるといった違いはあるものの，技法としての共通点は多い。課題に対する慣れによる得点の上昇という点についてはさらなる確認を要するものの，いいかえ技法や感情の反映といった基礎的なカウンセリング技法の習得には，聴覚モデリングが効果的なようである。

いいかえ技法習得におけるモデリングの言語化の効果

　後テストにおいて，自己言語化群の習得度の上昇が最も顕著であり，実験者言語化群とモデリングのみ群の間には差がなかった。モデリングの下位過程の1つである保持過程では，観察で得られた情報をイメージと言語という2つの表象機能を用いて保持するが，モデリング成立の速さには特に言語表象の働きが大きいとされている（Bandura, 1986）。坂野（1986）は，モデリングにおける言語化の効果を検討し，それは保持過程の言語表象にかかわり，モデリング課題の解決に通用するルール抽出を促進し，モデリング成立を著しく速めるとしている。後テストにおいて，自己言語化群の得点が著しく上昇したのは，モデルの遂行内容を言語化することで，保持過程の言語表象が促進されたためであると考えられる。つまり，言語化によって，モデルが示したパフォーマンスに含まれる本質的なルールが効率的に抽出され，モデリングの成立が促進されたものと考えられる。

　ただし，後テストにおいて，モデルの遂行内容を言語化するという意味で

は同一であった実験者言語化群の得点はモデリングのみ群と差がみられず，自己言語化群よりも低かった。実験者言語化群には，実験者によって言語化されたモデルの遂行内容が伝えられた。このため，実験参加者が自らモデルの遂行内容を言語化するわけではないが，言語表象が刺激され，モデリングの成立が促進される可能性を有していた。そうならなかった理由の説明として，記憶研究の領域が参考になる。Pressley, McDaniel, Turnure, Wood, and Ahmad (1987) は，ターゲット語の記銘を促進するための情報を，実験参加者自身に生成させる条件と，実験者が情報を提供する条件を比較し，前者の記憶再生率が高いという結果を得ている。彼らは，実験参加者が自己生成した情報は，実験者によって呈示された情報よりも実験参加者の知識構造に一致しているため，記憶が促進されたと考えている。後テストにおいて，実験者言語化群の得点が自己言語化群より低かったのは，実験者によって言語化された情報では実験参加者の知識構造に一致しなかったためと考えられる。しかし，追跡テストにおいて実験者言語化群の得点がモデリングのみ群より高くなっていることを考えると，実験者がモデルの遂行内容を言語化することも訓練には有効な手段になりうることを示唆している。

　モデリングの効果維持について，自己言語化群とモデリングのみ群は，後テストから追跡テストにかけて得点の変化はみられなかったが，実験者言語化群のみ後テストから追跡テストにかけて得点の上昇がみられた。この結果は，モデリングによる学習が行われてから1週間後でも，自己言語化群は習得内容を高い水準のまま維持し，モデリングのみ群は特に向上していないことを示すが，実験者言語化群は1週間後の遂行においてより一層の上昇がみられたことを示す。この結果を解釈すると，実験者によって言語化された情報は，モデリング直後では実験参加者の知識構造に一致していなかったが，1週間という時間経過とともにその情報が知識構造に一致するものへと変容し，モデルを再生する手がかりとして機能するようになった可能性が考えられる。そのため，後テストから追跡テストにかけて実験者言語化群の得点が

上昇したのではないだろうか。しかし，この解釈に対する明確な裏付け資料は本研究では得られていない。モデルの遂行内容を言語化する際，実験者の提示した情報が実験参加者にどのような影響を与えるかを更に検討していく必要がある。

研究1のまとめと残された課題

　マイクロカウンセリングにおけるモデリングでは，モデルの遂行内容を言語化することで技法の習得と維持が促進される。そして，モデルの遂行内容の言語化は，他者が行うよりも観察者自身が行うことが望ましい。その理由は，他者に言語化された情報を与えられるよりも，観察者自身が言語化を行った方が，技法の習得が早期に達成されるからである。しかし，他者によってモデルの遂行内容が言語化された場合でも，単にモデル対象にさらされるよりも技法の保持が高まる。これは，訓練を受ける者自身がモデルの遂行内容を言語化できない際に，有効な手段となり得る。これらの知見は，マイクロカウンセリングにおけるモデリングに，モデルの遂行内容を言語化する過程を取り入れる重要性を示唆している。

　今後の研究では，モデリングをしない条件を設定し，カウンセリング技法の習得度を検討する必要がある。研究1の結果において，前テストから後テストにかけて全ての群の得点が上昇していたが，これはカウンセリング技法の習得にはモデリングが有効であることを示唆している。しかし，モデリングをしない条件との比較は行われていないため，カウンセリング技法の習得をモデリングの効果にのみ帰属することはできない。研究2では，モデリングをしない条件を設定し，この点をさらに追究していく。また，研究1では，モデルが実演した課題と実験参加者に提示した課題の難度が同程度であり，訓練用に内容が整理されていた。つまり，モデリングで習得した技法を提示された課題に応用することはそれほど困難ではなかったと考えられる。研究2では，モデルが実演する課題よりも実験参加者に提示する課題の難度を高

めることによって，モデリングで習得した技法がより難度の高い課題に応用可能であるかを検討する。

第2節　モデリングの言語化によって習得したカウンセリング技法の実践応用可能性の検討（研究2）

　研究1では，マイクロカウンセリングのモデリングに言語化を取り入れることによって，カウンセリング技法の習得が促進されることが明らかになった。研究2では，研究1をさらに発展させ，モデリングの言語化の効果を検討する。

　まず，研究1では，モデルが実演した課題と実験参加者に提示した課題の難易度が同程度であり，訓練用に内容が整理されていた。このため，モデリングで習得した技法を提示された課題に応用することはさほど困難でなかったと考えられる。しかし，実際の相談場面で遭遇するクライエントは混乱状態にあることも多く，時系列に沿わない話が展開されたり，話題そのものも複雑であることがほとんどである。本研究では，モデリングによって獲得された技法が実際場面で応用可能であることを確認するため，難度を高めた課題場面でのパフォーマンスを検討する。

　また，本研究では，いいかえ技法習得の目安となる得点化にも改良を加える。研究1では，提示した刺激文を5分割し，当該部分を適切にいいかえた内容が実験参加者の応答に含まれていれば得点を与えるという評定法を採用していた。しかし，この方法では刺激文全体の内容を要約した応答をすれば高得点が与えられることになる。これは，マイクロカウンセリングで扱われる要約技法の要素を含んでいる。福原（2007）は，いいかえ技法と要約技法には類似した点もあるとしているが，技法としては区別している。より厳密な基準に沿った評定を行い，いいかえ技法の習得度をより正確に捉える必要がある。

そこで本研究では，いいかえ技法のモデリングにモデルの遂行内容の言語化を取り入れた上で，モデルが実演する課題よりも難度を高めた課題を実験参加者に呈示し，モデリングで習得した技法がより難度の高い課題に応用可能であるかを検討する。また，技法の習得度評定には，いいかえ技法の習得をより反映した基準を取り入れることとする。

方　法

実験参加者

実験に参加したのは大学生73名（男性27名，女性46名）であり，平均年齢は19.35歳（$SD = 1.06$歳）であった。心理学関連の講義時に参加を募り，募集対象にはカウンセリング技法の習得に関する実験であること，参加することで傾聴技法の1つを習得できるであろうこと，謝礼が支払われることを伝えた。それらに同意した者のみが実験に参加した。実験参加者は全員が社会学専攻の学部生であり，カウンセリング技法に関する訓練を受けたことはなかった。参加者を無作為に，自己言語化群（18名），実験者言語化群（21名），モデリングのみ群（17名），統制群（17名）のいずれかに割り当てた。

実験計画

4×3の2要因混合計画を用いた。第1の要因は，言語化条件（自己言語化，実験者言語化，モデリングのみ，統制）であり，第2の要因は，テスト時期（前テスト，後テスト，追跡テスト）であった。

課題

研究1と同様に，実験参加者には，模擬的なクライエントの発言に対していいかえ技法を用いて応答することを求めた。

材料

(1) テスト用刺激

モデリングの前後と追跡テスト時に実験参加者のいいかえ技法の習得度を測定するために使用した。模擬的な相談として作成した"クライエントの発言"を刺激文として，ICレコーダーに録音して用いた。テスト用刺激文の内容は，課題としての難易度を統制するため，文字数は140字－160字とし，その内容には，背景となる状況，その状況で生じた出来事，その結果を含むものとした。さらに，本研究では話題の時系列を乱すことによって課題の難度を高め，モデリングによって習得されたいいかえ技法の応用可能性を検討した。本研究では，研究1で用いた6パターンのテスト用刺激を改変し，それぞれに対応した難度の高い6パターンの刺激を作成した。

課題の難易度を確かめるため，研究1で使用した6パターンの刺激と，本研究で新たに作成した6パターンの刺激について，大学生6名による難易度評定を実施した。評定者は刺激に対していいかえ技法を用いて応答した後，課題の難易度を7件法（1：いいかえが容易，7：いいかえが困難）で評定した。その結果，研究1で用いた6パターンの刺激の評定平均値は，刺激A＝2.17，B＝2.50，C＝2.67，D＝2.33，E＝2.33，F＝2.17であり，本研究で作成した6パターンの刺激の評定平均値は，刺激A'＝3.17，B'＝3.67，C'＝4.17，D'＝3.83，E'＝3.67，F'＝3.33であった。研究1で使用した刺激と本研究で作成した刺激の評定平均値の間に差があるかを調べるために，AとA'，BとB'，CとC'，DとD'，EとE'，FとF'のそれぞれ対応した組み合わせにウィルコクスンの符号付順位検定を行ったところ，全てに有意差があり（$p<.05$），本研究で作成した刺激はより難度が高いことが分かった。さらに，本研究で作成した6パターンの刺激の難度に差がないかを調べるためにフリードマン検定を行ったところ，有意差はなく（$\chi^2(5)=3.26, n.s.$），難度は等質であることが示された。新たに作成した刺激6パターンを，前テスト，後テスト，追跡テストのそれぞれで2パターンずつ使用した。なお，テスト用

刺激は，全実験参加者に対して同様の順序で提示した。次にその一例を示す。

"今日，朝起きたら筋肉痛になっていたんです。やっぱり日頃からの運動って大切だと思いました。というのも，昨日，手軽にできるという事でジョギングに出掛けたんです。まあ，最近運動をしてなくて体がなまっていたから動きたくなったんですけどね。あまり無理はしなかったんですけど，思ったより体がなまっていましたね。"

(2) モデリング用刺激

"クライエントの発言"と，それに対するモデルの応答をICレコーダーに録音して用いた。本研究では，モデリングで習得した技法がより難度の高い課題に応用可能であるかを検討するため，モデリング用刺激は研究1で使用した難度の低い刺激を基に作成した。モデリング用刺激は2パターン用意し，全実験参加者に対して同様の順序で提示した。次にその一例を示す。

"今日の朝，お母さんと喧嘩をしてしまったんです。起きるのが遅いって軽く注意されたんですが，そのことに腹が立ってしまって，つい言い返してしまったんです。落ち着いてからよく考えてみると，別に怒るようなことでもなかったんですけどね。お母さんには酷いことを言ってしまったなと反省しています。"（クライエントの発言）

"今朝は些細なことでお母さんと喧嘩してしまったけれども，気分が落ち着いた今では，酷いことを言ってしまったと反省されているんですね。"（モデルの応答）

なお，テスト用刺激6パターンとモデリング用刺激2パターンのすべてを巻末の附表2に示す。

実験手続き

実験は，前テスト，モデリング，後テスト，追跡テストの順で行った。

(1) 前テスト

研究1と同様の手続きであった。
(2) モデリング

　自己言語化群，実験者言語化群，モデリングのみ群は，研究1と同様の手続きであった。統制群には，モデリングを実施せず，安静にしておくよう指示し，3分間の休憩を与えた。
(3) 後テスト

　研究1と同様の手続きであった。
(4) 追跡テスト

　研究1と同様の手続きであった。

得点化の方法

　いいかえ技法を特徴づけるポイントは次の5つである（福原他，2004；玉瀬，2008）。(a) 話の事実内容を変えない，(b) カウンセラーが自分自身の言葉を交えて的確に表現する，(c) クライエントの使用した重要なキーワードは残す，(d) クライエントの伝えたいことの本質を捉えている，(e) あくまでもいいかえであり，カウンセラー自身の意見を含まない。実験参加者の応答内容に上記の特徴が1つ含まれるごとに1点を加点し，1応答につき最大5点を与えた。実験参加者には各テスト2回の応答を求めたので，前テスト，後テスト，追跡テストのそれぞれで0－10点の範囲で得点が与えられることになる。自己言語化群，実験者言語化群，モデリングのみ群の応答内容の評定は，実験者と大学生2名の計3名で行った。統制群のみ実験時期が異なったため，その評定は実験者と大学院生2名の計3名で行った。

結　果

いいかえ技法得点

　応答内容を得点化した評定者間の一致率を調べるためにκ係数を算出した。

自己言語化群，実験者言語化群，モデリングのみ群の得点化における一致率
は，実験者と評定者Aの間では$\kappa = .74$，実験者と評定者Bの間では$\kappa = .73$，
評定者Aと評定者Bの間では$\kappa = .70$であった。統制群の得点化における一
致率は，実験者と評定者Cの間では$\kappa = .82$，実験者と評定者Dの間では$\kappa = .79$，評定者Cと評定者Dの間では$\kappa = .84$であった。これらの結果，評
定者間の得点は実質的に一致していたことが分かった。配点にずれがあった
対象については評定者間で合議の上，得点を決定した。分析には合議決定し
た得点を採用した。Table 2-2に群ごとのいいかえ技法得点の平均値と標準
偏差を示す。

いいかえ技法得点の分析結果

前テストにおける各群のいいかえ技法得点が等質であったかを調べるため
に，言語化条件を独立変数，前テストのいいかえ技法得点を従属変数とする
分散分析を行ったところ，主効果は有意でなかった（$F(3, 69) = 1.16$, n.s.）。
この結果から，前テストにおける4群のいいかえ技法得点は等質であること
が分かった。

続いて，モデリング時の言語化方法の違いによって各群のいいかえ技法得
点がどのように変化したかを検討するために4（言語化条件：自己言語化，実
験者言語化，モデリングのみ，統制）× 3（テスト時期：前，後，追跡）の分散分析
を行った。その結果，言語化条件の主効果（$F(3, 69) = 33.29$, $p < .01$），テス
ト時期の主効果（$F(2, 138) = 110.19$, $p < .01$），言語化条件×テスト時期の交
互作用（$F(6, 138) = 12.83$, $p < .01$）が有意であった。

言語化条件×テスト時期の交互作用について，単純主効果検定を行ったと
ころ，言語化条件の単純主効果は，後テスト（$F(3, 207) = 34.13$, $p < .01$）と
追跡テスト（$F(3, 207) = 30.24$, $p < .01$）で有意であり，テスト時期の単純主
効果は，自己言語化群（$F(2, 138) = 65.12$, $p < .01$），実験者言語化群（$F(2, 138) = 46.04$, $p < .01$），モデリングのみ群（$F(2, 138) = 37.44$, $p < .01$）で有意

Table 2-2　各群におけるいいかえ技法得点の平均値と標準偏差

群		前テスト	後テスト	追跡テスト
自己言語化群	M	1.11	7.61	7.17
($n=18$)	SD	1.24	1.83	2.59
実験者言語化群	M	0.76	5.95	6.14
($n=21$)	SD	0.87	2.44	3.29
モデリングのみ群	M	0.53	5.94	4.12
($n=17$)	SD	0.78	3.04	2.49
統制群	M	0.88	1.06	1.12
($n=17$)	SD	0.70	0.83	0.86

であった。検定結果を分かりやすくするために，Table 2-2 に示したいいかえ技法得点の平均値を Figure 2-2 に図示する。

　Ryan 法による下位検定を行ったところ，テスト時期別にみて，まず後テストでは，自己言語化群と実験者言語化群（$t(207)=2.50$, $p<.05$），自己言語化群とモデリングのみ群（$t(207)=2.39$, $p<.05$），自己言語化群と統制群（$t(207)=9.39$, $p<.05$），実験者言語化群と統制群（$t(207)=7.27$, $p<.05$），モデリングのみ群と統制群（$t(207)=6.90$, $p<.05$）の間に有意差があり，自己言語化群のいいかえ技法得点が最も高く，次いで実験者言語化群とモデリングのみ群が同程度に高く，統制群が最も低いことが分かった。追跡テストでは，自己言語化群とモデリングのみ群（$t(207)=4.37$, $p<.05$），自己言語化群と統制群（$t(207)=8.67$, $p<.05$），実験者言語化群とモデリングのみ群（$t(207)=3.01$, $p<.05$），実験者言語化群と統制群（$t(207)=7.47$, $p<.05$），モデリングのみ群と統制群（$t(207)=4.24$, $p<.05$）の間に有意差があり，自己言語化群と実験者言語化群の 2 群のいいかえ技法得点が最も高く，次いでモデリングのみ群が高く，統制群が最も低いことが分かった。

　言語化条件別にみて，まず自己言語化群では，前テストと後テスト

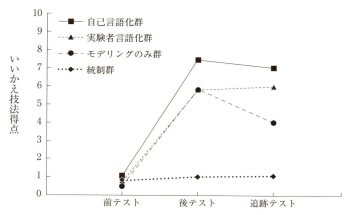

Figure 2-2　各群におけるいいかえ技法得点の推移

(t (138) = 10.18, $p < .05$), 前テストと追跡テスト (t (138) = 9.47, $p < .05$) の間に有意差があり, 後テストと追跡テストのいいかえ技法得点が, 前テストより高いことが分かった。実験者言語化群では, 前テストと後テスト (t (138) = 9.10, $p < .05$), 前テストと追跡テスト (t (138) = 8.78, $p < .05$) の間に有意差があり, 後テストと追跡テストのいいかえ技法得点が, 前テストより高いことが分かった。モデリングのみ群では, 前テストと後テスト (t (138) = 8.24, $p < .05$), 前テストと追跡テスト (t (138) = 5.46, $p < .05$), 後テストと追跡テスト (t (138) = 2.78, $p < .05$) の間に有意差があり, 後テスト, 追跡テスト, 前テストの順でいいかえ技法得点が高かった。統制群については, テスト時期の単純主効果が有意でなかったため, 各テスト間のいいかえ技法得点に差がないことが分かった。

考　察

いいかえ技法習得における聴覚モデリングの効果

　聴覚モデリングを経験した自己言語化群と実験者言語化群およびモデリングのみ群の3群では，前テストから後テストにかけていいかえ技法得点が上昇し，統制群には得点の変化がなかった。この結果は，聴覚モデリングによっていいかえ技法の習得が促進されたことを示す。統制群の得点には変化がみられなかったことから，課題に対して応答を繰り返すだけではいいかえ技法は習得されないことが分かる。これらは，研究1や玉瀬（1990）の聴覚モデリングがカウンセリング技法の習得に有効であるという結果を支持するものであり，マイクロカウンセリングにおけるモデリングの有効性を示す研究（e.g., Frankel, 1971；Fyffe & Oei, 1979）を支持するものである。マイクロカウンセリングにおけるモデリングは，カウンセリング技法習得のために重要な役割を果たしているといえる。

モデリングの言語化によるルールの抽出と応用可能性

　本研究では，実験参加者に呈示した課題はモデルが実演した課題よりも難度の高いものであった。モデリングを経験した3群のモデリング後のいいかえ技法得点が上昇していたという結果から，モデリングの際にはさほど難度の高い課題を用いずとも，習得した技法をより複雑な課題に応用できることが分かった。つまり，訓練を受ける者は，トレーニング段階で難度の低い話題を用いていたとしても，混乱状態にあるクライエントが話すような複雑な話題にもその技法を応用できるであろうことが示唆された。

　習得したいいかえ技法を難度の高い課題に応用できるということは，ただモデルを模倣しているだけではなく，モデルの本質となるルールを抽出しているためであると考えられる。これは，マイクロカウンセリングのモデリン

グにも言語化を取り入れる重要性を支持するものである。坂野（1986）は，モデリングの言語化は，モデルの本質となるルールの抽出を促進するとしている。事実，本研究の結果においても，言語化に関する自己言語化群と実験者言語化群は，後テストあるいは追跡テストにおいてモデリングのみ群よりも得点が高かった。マイクロカウンセリングにおけるモデリングの言語化は，習得したカウンセリング技法の応用可能性を高めるものといえる。

マイクロカウンセリングにおけるモデリングの言語化の役割

　モデリング直後のテストにおいて，自己言語化群の習得度の上昇が最も顕著であり，実験者言語化群とモデリングのみ群の間に差はなかった。この結果は，研究１の結果と一致するものである。マイクロカウンセリングにおいて，モデルの遂行内容を自己言語化することは，モデルが示したパフォーマンスに含まれる本質的なルールの抽出を高め，カウンセリング技法の即時習得を促進するといえる。

　モデリングの効果維持については，自己言語化群と実験者言語化群は後テストから追跡テストにかけて得点の変化はなかったが，モデリングのみ群は後テストから追跡テストにかけて得点の減少がみられた。この結果は，自己言語化群と実験者言語化群はモデリングによる学習が行われてから１週間後でも習得内容をそのまま維持しているが，モデリングのみ群に関しては１週間後の遂行において習得内容が定着していないことを示す。研究１の結果は，後テストから追跡テストにかけて，自己言語化群とモデリングのみ群は得点をそのまま維持し，実験者言語化群の得点は上昇するというものであったが，本研究の結果では統計的な差のあり方こそ違うものの，得点変化の傾向は一致している。Daniels（2003）は，マイクロカウンセリングによって習得した技法を保持するには練習とそれを使用することが必要であり，技法を使用しなければ時間の経過とともに有効性を失うとしている。しかし，研究２の結果から，モデルの遂行内容を言語に置き換えた自己言語化群と実験者言語化

群が得点を維持しており，観察のみであったモデリングのみ群の得点が減少していることを踏まえると，習得した技法の維持にはモデリングにおける言語化が有効だといえる。マイクロカウンセリングにおいて，習得した技法を練習によってさらに高めることが重要なことはいうまでもないが，モデリングによる技法習得の段階にモデル遂行の言語化を取り入れ，保持を高めることも効果的といえる。

研究2のまとめと残された課題

マイクロカウンセリングによる訓練を受けた者は，難度の低い課題を用いてカウンセリング技法を習得しても，実践で遭遇するであろうより複雑な話題にもその技法が応用可能である。さらに，マイクロカウンセリングにおけるモデリングでは，観察者自身によるモデルの遂行内容の言語化が技法の習得と保持の両者を促進する。また，他者による言語化であっても，単にモデル対象にさらされるよりは技法の保持が高まる。これは，訓練を受ける者自身がモデルの遂行内容を言語化できない際に，有効な手段となり得る。これらの知見は，マイクロカウンセリングにおけるモデリングに，モデルの遂行内容を言語化する過程を取り入れる重要性を示唆している。

今後の研究では，モデリングの言語化の効果をさらに明確にするために，言語化内容とカウンセリング技法の習得度の関連を検討していく必要がある。観察者自身による言語化は，他者による言語化よりも優れているが，その効果は観察者自身のモデルのルールに関する言語化内容に依存していることが考えられる。観察者が言語化した内容が適切であったのか不適切であったのか，あるいはモデルに含まれるルールを言語化できたのか否かといったことが，カウンセリング技法の習得度にどのような影響を及ぼすのかを検討する必要がある。この問題については，研究3で詳細に取扱うこととする。

さらに，自己言語化群と実験者言語化群を組み合わせて実験を行うことで，どのような効果が得られるかを検討することも有意義である。実際のマイク

ロカウンセリングによる指導場面では，マイクロカウンセリングの訓練プログラムに含まれる解説において指導者が被訓練者にモデルの要点を伝えるが，これは本研究での実験者言語化と対応している。実際の指導場面でのモデルの遂行内容の言語化は指導者によって行われることが一般的であり，被訓練者の言語化を訓練に取り入れるということは，両者による言語化が行われることになる。自己言語化群と実験者言語化群を組み合わせることで，カウンセリング技法が早期に習熟され，さらにその維持に優れるといった，より一層の成績の向上が考えられる。実際のマイクロカウンセリングのモデリングにモデルの遂行内容の言語化を導入するためにも，上記の点を検討していく必要がある。この問題については，研究4において検討する。

第3章　モデリングの言語化が習得した
　　　　　カウンセリング技法の維持に及ぼす効果

第1節　観察者の言語化内容とカウンセリング技法の習得度の対応（研究3）

　第2章の研究1と研究2では，マイクロカウンセリングにおけるモデリングの言語化が，カウンセリング技法の習得を促進することを示した。特に，モデリングの言語化は，観察者自身によるものが有効であることが分かったが，どのような内容の言語化がカウンセリング技法の習得を促進するのかは明らかでない。そこで本研究では，モデリングの言語化の効果をさらに明確にするために，観察者による言語化の内容とカウンセリング技法の習得度の対応を検討する。

　基礎的なモデリング研究において，Bandura et al. (1966) は，モデリングの言語化が観察による学習を促進することを見出し，さらに，観察者の言語化内容と学習した反応の再生率の関係を検討している。その結果，モデルの反応を適切に言語化した観察者は，自らのパフォーマンスにおいてもモデルの反応を60％再生できたのに対し，モデルの反応を不適切に言語化した観察者の再生率は25％であった。記憶研究の領域においても，Hashtroudi, Parker, Delisi, and Wyatt (1983) は，記銘項目に対して適切な言語を用いたラベルづけは再生率を高めるが，不適切な言語を用いたラベルづけは再生率を低下させることを明らかにしている。これらの研究は，観察者によるモデルの遂行内容の言語化が，適切であれば後の再生を高めるが，不適切であれば再生を低下させることを示唆している。

Gerst (1971) は，聾唖者が使用する指文字のモデリングにおいて，観察者にモデルの遂行内容を言語化させ，その言語化内容と再生率の関連を検討している。その結果，モデリングから15分後の遅延テストにおいて，言語化したモデルのルールは，観察者のパフォーマンスにおいても再生率が高く，言語化しなかったルールは，観察者のパフォーマンスにおいても再生率が低いことが明らかとなった。これは，モデルの遂行内容の中でも，言語化されたルールがより習得され，言語化されなかったルールはあまり習得されていないことを示す。

上述してきた内容は，マイクロカウンセリングにおけるモデリングの言語化にも当てはまるものといえる。研究3では，マイクロカウンセリングにおけるモデリングの際の言語化内容が，カウンセリング技法の習得度とその維持にどのような影響を及ぼすかを検討する。

方　法

分析対象者

研究2の実験に参加した自己言語化群18名（男性6名，女性12名）が対象であった。

研究2における自己言語化群には，いいかえ技法のモデリングの際に，モデルの遂行内容の要点を言語化することを求めた。その言語化内容が適切なものであったのかを判断するために，実験者と大学生2名の計3名で評定を行った。言語化内容がいいかえ技法の5つの特徴（研究2を参照）に言及したものであれば"適切"，5つの特徴以外に言及したものであれば"不適切"，その両方を含んでいれば"混合"となるように評定を行った。モデルは2パターン提示したので，モデルの遂行内容を言語化する機会は2度あったが，その2度の内容をまとめて1つの評定結果を与えた。評定者3名の一致率を調べるためにκ係数を算出したところ，実験者と評定者Aの間では$\kappa = .88$，

第3章　モデリングの言語化が習得したカウンセリング技法の維持に及ぼす効果　55

実験者と評定者Bの間では$\kappa = .88$，評定者Aと評定者Bの間では$\kappa = .77$であり，評定は実質的に一致していたことが分かった。評定にずれがあった対象については3者で合議決定した。その結果，モデルの遂行内容の要点を適切に言語化した者（適切群）は12名，適切な内容と不適切な内容を混合して言語化した者（混合群）は6名であり，不適切な内容だけを言語化した者は存在しなかった。

要因計画

2×3の2要因混合計画を用いた。独立変数は言語化内容のレベル（適切，混合）とテスト時期（前テスト，後テスト，追跡テスト）であり，従属変数はいいかえ技法得点であった。

応答内容の得点化

各テストにおける実験参加者の応答内容の得点化方法と評定者間の一致率は，研究2と同様である。

結　果

言語化内容によるいいかえ技法得点の差異

まず，各テストにおける適切群と混合群のいいかえ技法得点の平均値と標準偏差を算出した（Table 3-1）。

次に，各テストにおける適切群と混合群のいいかえ技法得点の差を検討するためにウィルコクスンの順位和検定を行ったところ，前テスト（$Z=1.05$, $n.s.$），後テスト（$Z=0.38$, $n.s.$），追跡テスト（$Z=1.05$, $n.s.$）のいずれにおいても有意差はなかった。これらの結果から，いずれのテストにおいても，適切群と混合群のいいかえ技法得点には差がないことが分かった。

Table 3-1 群ごとのいいかえ技法得点の平均値と標準偏差

群		前テスト	後テスト	追跡テスト
適切群	M	1.00	7.75	7.58
($n=12$)	SD	1.41	1.82	2.54
混合群	M	1.33	7.33	7.58
($n=6$)	SD	1.03	2.16	2.94

言語化内容と外顕化されたパフォーマンスの対応

　モデリングの際に，いいかえ技法の5つのルールがどの程度言語化され，後のパフォーマンスにどの程度含まれていたかを調べるために，モデリングの際に各ルールを言語化できた人数と後のテストのパフォーマンスに各ルールを含んでいた人数を算出した (Table 3-2)。この結果，いずれのルールも，モデリングの際に言語化された人数より，後のテストでのパフォーマンスに含まれている人数が多いことが分かった。これは，言語化しなかったルールを，後のパフォーマンスに含んでいる者が多く存在することを示す。

　さらに，言語化内容と遂行内容の一致率を算出したところ，後テスト①は

Table 3-2 いいかえ技法のルールごとにみた言語化と遂行の有無

ルール	言語化できた人数	パフォーマンスに含んでいた人数			
		後テスト①	後テスト②	追跡テスト①	追跡テスト②
(a)	7	18	17	18	14
(b)	15	16	13	15	15
(c)	7	13	8	10	7
(d)	11	15	10	12	11
(e)	5	14	13	13	14

$n=18$

第3章　モデリングの言語化が習得したカウンセリング技法の維持に及ぼす効果　57

Table 3-3　各テストにおける言語化の有無と遂行の有無の一致率

		後テスト		追跡テスト	
		遂行		遂行	
		有	無	有	無
言語化	有	42	8	44	6
	無	34	16	28	22

単位は%

$\kappa = .13$，後テスト②は$\kappa = .16$，追跡テスト①は$\kappa = .31$，追跡テスト②は$\kappa = .33$であった。この結果から，後テストよりも追跡テストで，言語化内容と遂行内容が一致していることが分かった。この理由を詳細に検討するために，後テストから追跡テストにかけての，言語化の有無と遂行の有無のクロス集計表を作成した（Table 3-3）。この結果，後テストから追跡テストにかけて，言語化有－遂行有の割合は42%から44%とその割合を維持しているが，言語化無－遂行有の割合は34%から28%へと減少していることが分かった。これらの結果から，モデルの遂行内容を言語化する際に，言語化したルールは，モデリング直後だけでなく，1週間後のテストにおいても遂行可能であるが，言語化しなかったルールは，モデリング直後であれば遂行できるが，1週間後では遂行可能な程度が減少することが分かった。

考　察

言語化内容の適切さがいいかえ技法の習得度に及ぼす影響

　いいかえ技法のモデリングにおいて，モデルの遂行内容を適切に言語化した者（適切群）と適切な内容と不適切な内容を混合して言語化した者（混合群）の習得度を比較したところ，両群のいいかえ技法の習得度に有意差はな

かった。

　Bandura et al. (1966) は，モデルの遂行内容を適切に言語化した者は，不適切に言語化した者よりも示範反応の再生率が高いことを見出している。また，坂野 (1986) も，弁別課題のモデリングにおいて，モデルの遂行内容を適切に言語化した者は不適切に言語化した者よりも学習成績が良いことを見出している。不適切な言語化は，モデルから誤ったルールを抽出するということであり，そのルールは後の適切な再生の手がかりとしては機能しない。そのため，適切な言語化をした者と比べて，不適切な言語化をした者の成績は低下したのである。

　本研究において，適切群と混合群の得点に差がなかったのは，混合群が不適切なルールだけではなく適切なルールも抽出していたため，再生の手がかりを持っていたからだと考えられる。不適切なルールのみを言語化した者がいなかった点を考慮すると，いいかえ技法といった基本的な技法の水準であれば，モデリングにおいて適切なルールは抽出されやすいものと思われる。しかし，マイクロ技法の階層表 (Figure 1-1) において，いいかえ技法より高層に位置する技法（例えば，感情の反映技法や対決技法）であれば難度も高まるため，観察者がモデルの遂行内容を不適切に言語化してしまう可能性がある。このような場合，学習の成立が阻害されるかもしれない。今後は，この点を検証していく必要がある。

言語化したルールの有無がパフォーマンスの維持に及ぼす影響

　モデリング直後のパフォーマンスでは，モデルの遂行内容を言語化する際に，言語化したルールだけでなく，言語化しなかったルールを含んでいる者が多く存在した。しかし，1週間後の追跡テストにおいて，言語化しなかったルールは，言語化したルールに比べて遂行の程度が減少することが分かった。これらは，Gerst (1971) の研究結果と一致するものである。いいかえ技法のモデリングにおいて，モデルの遂行内容を言語化する際は，言語化した

モデルのルールが，後のパフォーマンスにおいても維持されるといえる。
　モデルの遂行内容を言語化するということは，モデリングの下位過程の1つである保持過程，特にその言語表象を促進するということである。観察者の言語化したルールの維持が促進されたのは，この言語表象が刺激されたためであろう。言語化しなかったルールの維持が促進されなかったのは，言語表象は刺激されず，イメージ表象のみによる保持だったためと考えられる。モデリングによる学習内容の長期的保持には，言語表象の果たす役割が大きいとされる（Bandura, 1986；坂野，1986）。マイクロカウンセリングによってカウンセリング技法を習得する際には，モデリングにおいてモデルの遂行内容を言語化し，モデルが示すカウンセリング技法のルールを適切により多く言語化することが望ましいといえる。

研究3のまとめと残された課題

　マイクロカウンセリングのモデリングにおいて，観察者がモデルの遂行内容を言語化する際は，モデルの本質となる適切なルールを言語化することが望ましい。しかし，適切なルールだけでなく，不適切なルールを混合して言語化しても，再生のための手掛かりを持っているため，観察者のパフォーマンスはそれほど低下しないようである。本研究の結果において，不適切なルールのみを言語化した者はいなかったため，その際の成績は検討されていない。感情の反映技法や対決技法といったより難度の高いものであれば，観察者がモデルの遂行内容を不適切に言語化してしまう可能性があるため，さらなる検討が必要である。

　マイクロカウンセリングのモデリングにおいて，観察者がモデルの遂行内容を言語化する際は，言語化したモデルのルールがパフォーマンスにおいてもより維持される。言語化しなかったルールは，モデリング直後であれば遂行可能であるが，時間の経過によって遂行の程度が損なわれてしまう。観察者は，モデルが示すカウンセリング技法のルールをより多く言語化すること

が望ましいといえる。

　今後の研究では，モデルの遂行内容の言語化において，観察者が言語化するルールをより多く引き出す方法や，言語化しなかったルールのパフォーマンスの維持をどのように高めるかを検討することが必要である。観察者自身によるモデルの遂行内容の言語化は，カウンセリング技法の習得と維持に有効であるが，言語化する内容は観察者に依存する。マイクロカウンセリングのモデリングにおいて，観察者がモデルの遂行内容を言語化する際は，その言語化内容の質を高めるためのサポートを提供していく必要がある。このサポート方法の1つに，指導者といった他者による言語化が挙げられる。観察者が言語化しなかったモデルのルールを，指導者といった他者が言語化することで，観察者が抽出しきれなかったルールを補完することができ，習得したカウンセリング技法の維持を高めることができると考えられる。研究4では，この点を詳細に検討していく。

第2節　モデリングの言語化における自己言語化と他者言語化の組み合わせの効果（研究4）

　第2章の研究1と研究2では，マイクロカウンセリングのモデリングにおいて，観察者自身によるモデルの遂行内容の言語化が，他者による言語化や言語化しない場合よりもカウンセリング技法の習得を促進することが明らかになった。本章の研究3では，観察者自身がモデルの遂行内容を言語化する際，言語化されたルールに対応する内容は維持され，言語化されなかったルールに対応する内容は，モデリング直後であれば遂行可能であるが，時間の経過によって遂行の程度が損なわれてしまう。以上の結果が示すのは，マイクロカウンセリングにおけるモデリングでは，カウンセリング技法の習得を促進するために観察者自身がモデルの遂行内容を言語化することが望ましいが，その維持の程度には言語化された内容との対応に依存しているというこ

とである。技法の習得と維持をより確実なものとするには，観察者自身による言語化をサポートする手続きの導入が望まれる。

観察者による言語化をサポートする方法の1つに，指導者といった他者による言語化との組み合わせが挙げられる。観察者がモデルの遂行内容を言語化する際，言語化されなかったルールに対応するパフォーマンスは低下したが，観察者が言語化しなかったルールを指導者が言語化することでこれを補うことができ，技法の習得と維持はより確実なものになると考えられる。研究1と研究2の結果より，他者による言語化は，習得したカウンセリング技法の維持を促進することが明らかになっている。観察者自身の言語化によってカウンセリング技法の習得を促進し，他者の言語化によってその維持を促進できるものと考えられる。

そこで本研究は，マイクロカウンセリングのモデリングにおける，観察者自身によるモデルの遂行内容の言語化と他者による言語化の組み合わせの効果を検討する。

方　法

実験参加者

研究2の実験に参加した，自己言語化群（18名）と実験者言語化群（21名）の比較対象群として，新たに自己＋実験者言語化群の参加者を募集した。自己＋実験者言語化群に参加したのは大学生17名（男性6名，女性11名）であり，平均年齢は19.06歳（$SD=1.03$歳）であった。心理学関連の講義時に参加を募り，募集対象にはカウンセリング技法の習得に関する実験であること，参加することで傾聴技法の1つを習得できるであろうこと，謝礼が支払われることを伝えた。それらに同意した者のみが実験に参加した。実験参加者は全員が社会学専攻の学部生であり，カウンセリング技法に関する訓練を受けたことはなかった。

実験計画

3×3の2要因混合計画を用いた。第1の要因は，言語化条件（自己言語化，実験者言語化，自己＋実験者言語化）であり，第2の要因は，テスト時期（前テスト，後テスト，追跡テスト）であった。

課題

研究2と同様に，実験参加者には，模擬的なクライエントの発言に対していいかえ技法を用いて応答することを求めた。

材料

研究2と同様であった。

実験手続き

実験は，個別に実施した。実験参加者の前方のテーブルの上にスピーカーを配置し，実験者は実験参加者に対して90度の角度で座った。ICレコーダーは実験者が操作した。実験は，前テスト，モデリング，後テスト，追跡テストの順で行った。

(1) 前テスト

研究2と同様であった。

(2) モデリング

自己言語化群と実験者言語化群については研究2と同様であった。

自己＋実験者言語化群には，次の教示を与えた。"あなたに今，カウンセラー役をして頂いたわけですが，ここにカウンセラー役の反応として良い例を示したモデルの応答を録音してあります。このモデルの応答を聴いて頂いた後に，あなたに，モデルのカウンセラー役がどのようなことに気をつけて応答していたかをお尋ねします。ですので，モデルの応答をよく聴いておいて下さい。さらにその後，私がモデルのカウンセラー役がどのようなことに

気をつけて応答していたかをお伝えします。こちらもよく聴いておいて下さい。なお，モデルは2パターンあり，先ほど聴いて頂いたような日常会話の後にモデルのカウンセラーが応答しています。それではよろしくお願いします。"教示の後，モデリング用刺激の1パターン目を再生した。再生が終了すると，実験者が"モデルのカウンセラー役はどのように応答していましたか。"と質問し，実験参加者にモデルの応答方法の要点を言語化するように求め，これを録音した。その後，実験者が"モデルのカウンセラー役は，自分自身の意見を伝えることはせずに応答しています。さらに，話の内容や意味を変えてしまわないよう気をつけながら，相手の話を自分自身の言葉を交えて簡潔にいいかえています。"と実験参加者に伝えた。次にモデリング用刺激2パターン目を再生し，その再生後に，実験参加者にモデルの応答方法の要点を言語化するように求め，これを録音した。その後，実験者が"モデルのカウンセラー役は，クライエントの伝えたいことの本質を捉え，重要なキーワードは残していいかえています。"と実験参加者に伝えた。なお，実験者の言語化内容は，実験参加者の言語化内容に関わらず，全て同様の内容を伝えた。

(3) 後テスト

　研究2と同様であった。

(4) 追跡テスト

　研究2と同様であった。

得点化の方法

　自己言語化群と実験者言語化群については研究2と同様であった。自己＋実験者言語化群の評定者は，研究2とは異なり，実験者と大学院生2名の計3名であった。

結　果

いいかえ技法得点

　応答内容を得点化した評定者間の一致率を調べるためにκ係数を算出した。自己言語化群と実験者言語化群の一致率については，研究2と同様であった。自己＋実験者言語化群に対する評定の一致率は，実験者と評定者Aの間では$\kappa = .76$，実験者と評定者Bの間では$\kappa = .77$，評定者Aと評定者Bの間では$\kappa = .74$であった。これらの結果，評定者間の得点は実質的に一致していたことが分かった。配点にずれがあった対象については評定者間で合議の上，得点を決定した。分析には合議決定した得点を採用した。Table 3-4に群ごとのいいかえ技法得点の平均値と標準偏差を示す。

いいかえ技法得点の分析結果

　前テストにおける3群のいいかえ技法得点が等質であったかを調べるために，言語化条件を独立変数，前テストのいいかえ技法得点を従属変数とする1要因の分散分析を行ったところ，主効果は有意でなかった（$F(2, 53) = 0.60, n.s.$）。この結果から，前テストにおける3群の得点は等質であることが

Table 3-4　各群におけるいいかえ技法得点の平均値と標準偏差

群		前テスト	後テスト	追跡テスト
自己言語化群	M	1.11	7.61	7.17
($n=18$)	SD	1.24	1.83	2.59
実験者言語化群	M	0.76	5.95	6.14
($n=21$)	SD	0.87	2.44	3.29
自己＋実験者言語化群	M	0.83	8.12	8.23
($n=17$)	SD	0.95	1.19	1.03

注）自己言語化群と実験者言語化群のデータは研究2と同じものである

続いて，モデリング時の言語化方法の違いによって各群のいいかえ技法得点がどのように変化したかを検討するために 3（言語化条件：自己言語化，実験者言語化，自己＋実験者言語化）× 3（テスト時期：前，後，追跡）の分散分析を行った。その結果，言語化条件の主効果（$F(2, 53) = 33.20, p < .01$）とテスト時期の主効果（$F(2, 106) = 217.15, p < .01$）が有意であり，言語化条件×テスト時期の交互作用（$F(4, 106) = 2.17, p < .10$）が有意傾向であった。

言語化条件×テスト時期の交互作用について，単純主効果検定を行ったところ，言語化条件の単純主効果は，後テスト（$F(2, 159) = 6.43, p < .01$）と追跡テスト（$F(2, 159) = 5.52, p < .01$）で有意であり，テスト時期の単純主効果は，自己言語化群（$F(2, 106) = 71.74, p < .01$）と実験者言語化群（$F(2, 106) = 50.72, p < .01$）および自己＋実験者言語化群（$F(2, 106) = 99.03, p < .01$）の3群で有意であった。検定結果を分かりやすくするために，Table 3-4 に示したいいかえ技法得点の平均値を Figure 3-1 に図示する。

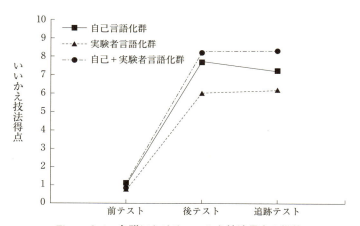

Figure 3-1　各群におけるいいかえ技法得点の推移

注）自己言語化群と実験者言語化群のデータは研究2と同じものである

Ryan法による下位検定を行ったところ,テスト別にみて,まず後テストでは,自己言語化群と実験者言語化群 (t (159) = 2.61, $p < .05$),自己＋実験者言語化群と実験者言語化群 (t (159) = 3.49, $p < .05$) の間に有意差があり,自己言語化群と自己＋実験者言語化群のいいかえ技法得点が,実験者言語化群よりも高いことが分かった。追跡テストでは,自己＋実験者言語化群と自己言語化群 (t (159) = 1.97, $p < .05$),自己＋実験者言語化群と実験者言語化群 (t (159) = 3.36, $p < .05$) の間に有意差があり,自己＋実験者言語化群のいいかえ技法得点が,自己言語化群と実験者言語化群よりも高いことが分かった。

言語化条件別にみて,まず自己言語化群では,前テストと後テスト (t (106) = 10.46, $p < .05$),前テストと追跡テスト (t (106) = 9.75, $p < .05$) の間に有意差があり,後テストと追跡テストのいいかえ技法得点が,前テストより高いことが分かった。実験者言語化群では,前テストと後テスト (t (106) = 9.02, $p < .05$),前テストと追跡テスト (t (106) = 9.36, $p < .05$) の間に有意差があり,後テストと追跡テストのいいかえ技法得点が,前テストより高いことが分かった。自己＋実験者言語化群では,前テストと後テスト (t (106) = 11.80, $p < .05$),前テストと追跡テスト (t (106) = 11.98, $p < .05$) の間に有意差があり,後テストと追跡テストのいいかえ技法得点が,前テストより高いことが分かった。

考 察

自己言語化と他者言語化の組み合わせの効果

モデリング直後のテストにおいて,自己＋実験者言語化群と自己言語化群の習得度が,実験者言語化群よりも顕著に上昇していた。研究1と研究2の結果から,モデルの遂行内容を観察者自身が言語化することは,カウンセリング技法の即時習得を促進することが分かっているが,観察者自身の言語化に他者の言語化を加えた場合でもその効果は同様であった。このことから,

カウンセリング技法の習得を促進しているのは，観察者自身の言語化によるところが大きいといえる。

　モデリングの効果維持については，全ての群が後テストから追跡テストにかけて習得度を維持していた。しかし，自己＋実験者言語化群の習得度は，後テストでは差がなかったものが，追跡テストでは自己言語化群よりも高くなっていた。また，追跡テストにおいて，自己言語化群と実験者言語化群の習得度の差もなくなっていた。この理由は，統計的な有意差はないものの，追跡テストにかけて自己言語化群の得点はやや下降しながらの維持であったのに対して，自己＋実験者言語化群と実験者言語化群の得点はやや上昇しながらの維持であったためと考えられる。これらの結果は，モデルの遂行内容を観察者自身が言語化するよりも，指導者などの他者による言語化がより習得内容の維持に優れているかもしれないことを示す。追跡テストにおいて，自己＋実験者言語化群の習得度が自己言語化群よりも高くなっていたのは，観察者自身の言語化に加えられた他者言語化の果たす役割が大きかったと考えられる。マイクロカウンセリングのモデリングにおいて，モデルの遂行内容を指導者といった他者が言語化することで，被訓練者である観察者の習得内容の維持は促進されるといえる。

　カウンセリング技法の習得度は，自己＋実験者言語化群が他の2群よりも安定していたと考えられる。後テストと追跡テストにおいて，自己＋実験者言語化群のいいかえ技法得点の標準偏差は他の2群に比べてより小さかった。これは，他の2群に比べて，自己＋実験者言語化群の習得度でより個人差が小さいことを示す。つまり，観察者自身による言語化あるいは他者による言語化をそれぞれ単独で実施するよりも，それらを組み合わせることでカウンセリング技法をより安定して習得できるものと考えられる。

　しかし，自己＋実験者言語化群の標準偏差の小ささの理由として，いいかえ技法得点が天井効果によって収束してきた可能性も考えられる。研究2と研究4で用いた得点化方法では，自己＋実験者言語化群の多くの者が成績の

上限に達してしまい,それによって標準偏差の値が小さくなった可能性がある。Daniels (2003) は,マイクロカウンセリングに関する研究では訓練効果の評価方法が十分に確立されていないため,それを概念化していくことが必要であると述べている。今後,本研究の得点化方法にさらなる工夫を加え,いいかえ技法をはじめ,マイクロ技法の習得度を正確かつ多面的に捉えていく方法を開発する必要がある。

研究4のまとめと残された課題

マイクロカウンセリングのモデリングにおいて,観察者自身のモデルの遂行内容の言語化にはカウンセリング技法の習得を促進する機能があり,指導者といった他者による言語化には習得した技法の維持を促進する機能がある。また,両者による言語化を組み合わせることで,それぞれの機能を得ることができ,カウンセリング技法の習得と維持の両方が促進される。従来のマイクロカウンセリングの訓練では,指導者が解説によってモデルの遂行内容を言語化することが一般的であるが,そこに観察者自身の言語化を取り入れ,両者による言語化を実施することで,訓練の効果をより高めることが可能となる。マイクロカウンセリングのモデリングにおいて,モデルの遂行内容を言語化する際は,観察者と指導者の両者によって行われることが最も効果的である。

今後は,マイクロカウンセリングにおけるモデリングの言語化を実践導入した研究を実施していく必要がある。研究1から研究4は,大学生を対象にした研究によって,マイクロカウンセリングにおけるモデリングの言語化の効果を検証してきた。それらの知見を,カウンセリング技法を実践において必要とする者への訓練に応用し,マイクロカウンセリングにおけるモデリングの言語化の有効性を実証すべきである。そうすることが,実験室で得られた本研究の結果をより実践場面へと普及させ,マイクロカウンセリングの発展に寄与するであろう。

第4章　弁護士を対象としたマイクロカウンセリングによるカウンセリング技法習得の有効性（研究5）

　研究1から研究4では，大学生を対象にした研究を行い，マイクロカウンセリングにおけるモデリングの言語化の有効性を実証してきた。本研究では，これらの知見を応用し，相談業務を実践する弁護士を対象にマイクロカウンセリングによるカウンセリング技法の訓練を実施する。マイクロカウンセリングは，教育，医療，福祉といった様々な領域で用いられており，多岐に渡る領域での応用が期待されている（Daniels, 2003）。司法を代表する弁護士を対象にマイクロカウンセリングを用いることは新たな試みであり，マイクロカウンセリングの応用領域を拡大する一助になるだろう。

司法領域におけるカウンセリング技法の必要性
　近年，司法領域での紛争解決を促すスキルの1つとして，対話型コミュニケーションへの関心が高まっている（城下，2006；菅原，2007）。法科大学院の教育カリキュラムには，法律家実務の中で要求される依頼者との面談や助言の技術および交渉の方法をロールプレイを通じて学ぶ"ローヤリング(lawyering)"や，臨床心理学的観点を取り入れた法律相談を学ぶ"リーガルクリニック（legal clinic：臨床法学教育）"という科目が設置されている（佐藤・下山，2001）。法律相談の質の向上には，カウンセリング技法の習得が有効であろうとの主張もあり（井上，2006；下山，2007），当該分野における心理学の貢献が期待されている。例えば，仲・上宮（2005）や仲（2007）は，子どもの目撃証言の内容は質問方法に左右されるため，法律家がカウンセリングで扱われる質問技法を学んでおく必要があることを明らかにしている。これらの取り組みは，司法領域におけるカウンセリング技法の有効性を示唆

するものである。

　Binder, Bergman, and Price（1991）は，法律相談の基本的な姿勢は依頼者中心主義であると述べている。これは，弁護士が意見を無理に押し付けるのではなく，依頼者自身が問題を定義し，解決策を探っていくことを尊重するという考え方である。Cochran, DiPippa, and Peters（1999）は，依頼者をコントロールしようとする権威者型の弁護士は，依頼者の自立性や尊厳を奪い，彼らの求めている解決を遠ざけてしまうと批判している。Binder et al.（1991）やCochran et al.（1999）の主張は，法律相談場面における依頼者を主体とした関わりの重要性を述べたものだといえよう。このような姿勢は，心理学におけるカウンセリングや臨床心理面接の考え方とも共通しており，そこで扱われる技法を学ぶことは，弁護士にとっても有益であるといえる。

司法領域におけるマイクロカウンセリングの応用可能性

　下山（2007）によれば，法律相談において，弁護士は，法的判断に必要な情報収集のために"訊く"という作業を中心にしがちだが，依頼者との信頼関係を形成し，豊かな情報を得るためには"聴く"という作業が重要だと主張する。"聴く"とは，相手から語られた内容を的確に理解し，それを伝え返していく共感的コミュニケーションであり，つまりは傾聴するということを指している（下山，2000）。このようなコミュニケーションを習得するための訓練プログラムとして推奨されるのが，マイクロカウンセリングである（井上，2006）。

　マイクロカウンセリングによる訓練は，心理臨床家はもちろんのこと，カウンセリングを専門としない教師や看護師，あるいは大学生や一般成人にまで有効であることが分かっている（Baker & Daniels, 1989；Daniels, 2003；Kabura et al., 2005）。マイクロカウンセリングの訓練は，複数で構成されるカウンセリング技法のうち，1度に1つの技法だけを標的として，"解説，モデリング，練習，フィードバック"という手順で段階的なトレーニングを実施

する。このような手続きを用いることで，個々の技法がどのような意味を持つのかを混同することなく体系的に学ぶことができ，カウンセリング初学者にとっては非常に効果的なプログラムといえる。また，訓練手順が体系化されているため，1時間ほどの訓練でも高い効果を得ることが可能であり，経済性にも優れたプログラムである（Daniels, 2003）。以上の点より，マイクロカウンセリングは，弁護士が傾聴するためのカウンセリング技法を習得するにも有効な手段であることが期待される。

そこで本研究は，弁護士を対象にマイクロカウンセリングを用いたパイロット・スタディを実施し，①カウンセリング技法の習得が可能か，②習得したカウンセリング技法は法律相談場面で有効に活用されるか，③カウンセリング技法の習得によりコミュニケーション能力は高まるか，について検討する。

仮説は以下の通りである。①マイクロカウンセリングによる訓練が心理臨床家以外の様々な職種にも有効であったという先行研究の結果から，弁護士に対しても，法律相談場面で求められるカウンセリング技法を習得させるのに効果的であろう。②傾聴するためのカウンセリング技法は，相手に共感的に働きかけ，信頼関係の構築を助けるものであることから，依頼者とのコミュニケーションを円滑にし，法律相談においても有効に機能する。③"聴く"ためのカウンセリング技法という，具体的な共感的コミュニケーションスキルを習得することで，弁護士のコミュニケーション能力，特にその共感的側面に関する能力が高まる。

方　法

実験参加者

実験に参加したのは地方政令指定都市の中心部に開設されている中規模法律事務所に所属する弁護士6名（男性5名，女性1名）であった。平均年齢は

33.00歳（$SD=2.45$歳），弁護士経験の平均年数は1.82年（$SD=1.15$年）であった。この内の3名は法科大学院修了者であった。実験参加者は全員，カウンセリング技法に関する訓練を受けたことのない者たちであった。データは匿名で処理し，実験における回答内容が勤務評定に影響を与えることはない旨を伝え，それらに同意したもののみが実験に参加した。

課題

これまでの研究と同様に，実験参加者には，模擬的なクライエントの発言に対していいかえ技法を用いて応答することを求めた。下山（2000）は，"聴く"ということを，相手から語られた内容を的確に理解し，それを伝え返していく共感的コミュニケーションであると述べている。いいかえ技法は，"聴く"ための代表的なカウンセリング技法といえる。

材料

(1) テスト用刺激

法律相談に関する刺激文を作成し，"クライエントの発言"としてICレコーダーに録音して用いた。法律相談に関する刺激文の内容は，実験参加者らが所属する法律事務所の取り扱い事例（債務整理，交通事故，離婚問題，相続関係，消費者問題，労働問題など）を参考に選定した。テスト用刺激の構成を統一するために，文字数は150字－160字とし，その中に，背景となる状況，その状況で生じた問題，現在の相談したい悩み，を含むものとした。テスト用刺激を6パターン用意し，前テスト，後テスト，追跡テストのそれぞれで2パターンずつ使用した。なお，テスト用刺激は，全実験参加者に対して同様の順序で提示した。次にその一例を示す。

"この半年間で，消費者金融から200万円借りたんです。はじめは返済も何とかなると思っていたんですが，今は仕事もなくて借金の返済がまったくできないんです。最近では督促もひどくなってきて，だんだん怖くなってきた

んです。もう本当にどうしたらいいか分からなくて。今後どのように返済していけばいいか分からないんです。"

(2) モデリング用刺激

"クライエントの発言"と，それに対する"モデルの応答"をICレコーダーに録音して用いた。本実験では，ビデオモデルに含まれる非言語行動（姿勢や身振り）を排除し，いいかえ技法の主たる要素である言語行動への注目を促進するため，オーディオモデルを採用した。モデリング用刺激は2パターン用意し，全実験参加者に対して同様の順序で提示した。次にその一例を示す。

"最近，夫との離婚を考えているんです。近頃の夫は帰宅が遅く，浮気をしているのは間違いないんですけど，そのことを話に出すとすぐに夫は手をあげるんです。周りに相談できる人もいなくて，一人で悩んでいて。夫に離婚の話を切り出したら，きっとまた殴られると思うんです。どうしたら無事に離婚できるのか分からなくて困ってるんです。"（クライエントの発言）

"旦那さんの浮気が原因で離婚を考えておられるのですが，その事を話すと暴力を振るわれるため，どうすれば無事に離婚できるか分からずにお困りなんですね。"（モデルの応答）

なお，テスト用刺激6パターンとモデリング用刺激2パターンのすべてを巻末の附表3に示す。

測定指標

(1) いいかえ技法の習得度

実験参加者には，テスト用刺激として作成した"クライエントの発言"に対していいかえ技法を用いて応答することを求めた。実験参加者に対して，いいかえ技法の習得前（前テスト），習得後（後テスト），習得から2週間後（追跡テスト）のそれぞれでテストを実施し，各時点でのいいかえ技法の習得

度を測定した。

(2) 法律相談におけるいいかえ技法の有効性

実験参加者には，いいかえ技法の習得後に実際の法律相談場面でそれを使用してもらい，その活用と有効性に関して報告することを求めた。"いいかえ技法は法律相談で役立った"，"いいかえ技法は法律相談で使いやすいものであった"の2項目について，質問紙（6件法．1：全くそう思わない，2：そう思わない，3：あまりそう思わない，4：ややそう思う，5：そう思う，6：非常にそう思う）と，インタビュー質問に回答することを求めた。

(3) コミュニケーション能力の変化

実験参加者には，いいかえ技法の習得前後にENDCOREs（藤本・大坊，2007）への回答を求めた。ENDCOREsは，24項目7件法（1：かなり苦手，2：苦手，3：やや苦手，4：ふつう，5：やや得意，6：得意，7：かなり得意）によってコミュニケーション能力を測定する質問紙である。ENDCOREsは，コミュニケーション能力を，自己統制（"まわりの期待に応じた振る舞いをする"など），表現力（"自分の考えを言葉でうまく表現する"など），解読力（"相手の考えを発言から正しく読み取る"など），自己主張（"自分の主張を論理的に筋道を立てて説明する"など），他者受容（"相手の意見や立場に共感する"など），関係調整（"人間関係を良好な状態に維持するように心がける"など）の6側面から測定する尺度であり，これによって実験参加者のコミュニケーション能力を多面的に捉えることが可能である。さらに本研究では，第3者評定として，法律相談業務に同席しているパラリーガルスタッフ1名に実験参加者のコミュニケーション能力をENDCOREsによって評定するよう依頼した。

手続き

実験は，実験参加者らが所属する法律事務所内の一室を使用し，個別に実施した。実験参加者の前方のテーブル上にスピーカーを配置し，それを通じてICレコーダーに録音したテスト用刺激，モデリング用刺激を聴かせた。

ICレコーダーは実験者が操作した。実験は，セッションⅠからⅢの3回に分けて実施した。

(1) セッションⅠ

コミュニケーション能力のベースラインを測定するために，ENDCOREsへの回答を求めた（END①）。続いて，いいかえ技法のベースラインを測定するために，2パターンの"クライエントの発言"に対して，"話を聴き，理解していることを伝え返すように応答する"ことを求めた（前テスト）。次に，いいかえ技法の"モデルの応答"を2パターン提示した（モデリング）。なお，研究5では，研究1から研究4の知見を応用し，自己言語化と他者言語化を組み合わせたモデリングを実施した。モデルの1パターン目の再生終了後には，実験参加者にモデルの応答方法の要点を言語化するように求め（自己言語化），その後に実験者が，モデルは自分自身の意見を伝えることはせずに応答していること，話の内容や意味を変えていないこと，相手の話を自分自身の言葉を交えて簡潔にいいかえていることを実験参加者に伝えた（他者言語化）。モデルの2パターン目の再生終了後には，実験参加者にモデルの応答方法の要点を言語化するように求め（自己言語化），その後に実験者が，モデルはクライエントの伝えたいことの本質に注意を払っていたこと，重要なキーワードは残していいかえていたことを実験参加者に伝えた（他者言語化）。その後，モデリング後のいいかえ技法の習得度を測定するために，2パターンの"クライエントの発言"それぞれに対していいかえ技法を用いて応答することを求めた（後テスト）。最後に，機会があれば実際の法律相談場面でいいかえ技法を使用するよう依頼した。

(2) セッションⅡ

実験参加者らの就業内容とスケジュールを勘案の上，実際の法律相談場面におけるいいかえ技法の活用機会を確保することを意図して，セッションⅡはセッションⅠから2週間後に実施した。まず始めに，習得したいいかえ技

法をどの程度維持できているかを測定するために，セッションⅠとは異なる2パターンの"クライエントの発言"それぞれに対していいかえ技法を用いて応答することを求めた（追跡テスト）。次に，いいかえ技法習得後のコミュニケーション能力を測定するために，ENDCOREsへの回答を求めた（END②）。つづいて，いいかえ技法を実際の法律相談場面で用いた際の感想報告として，有効性に関する質問紙への回答と自由回答を求めるインタビュー質問を実施した。

最後に，実験参加者全員を対象にして，実験で用いた手続き以外の内容（ロールプレイ，フィードバック）を含むいいかえ技法の総合的な研修を60分間実施した。研修では，まず相談場面におけるいいかえ技法の役割と期待される効果を解説し，その後にいいかえ技法のビデオモデル（福原，2007）を提示した。続いて，3人1組で，カウンセラー，クライエント，観察者の役割を順に体験するロールプレイを実施し，最後に全員で意見交換するフィードバックを行った。

(3) セッションⅢ

セッションⅡから3週間後に実施した。いいかえ技法習得後のコミュニケーション能力の変化を追跡調査するために，ENDCOREsへの回答を求めた（END③）。なお，ENDCOREsの第3者評定は，END①とEND③の時点に対応して実施した。

応答内容の得点化

実験参加者の応答内容の得点化は，実験者ならびに大学生2名の計3名で行った。得点化の方法は，研究2と同様であった。

結　果

いいかえ技法の習得

各テストにおける実験参加者の応答内容を評定した3名の一致率を調べるために κ 係数を算出した。実験者と評定者Aの間では κ = .86，実験者と評定者Bの間では κ = .79，評定者Aと評定者Bの間では κ = .79であり，評定者間の得点は実質的に一致していたことが分かった。評定者間で配点にずれがあった対象については3者で合議の上，得点を決定した。各テストにおけるいいかえ技法得点の平均は，前テストで5.33点（SD=2.33点），後テストで8.83点（SD=1.16点），追跡テストで8.00点（SD=0.63点）であった（Figure 4-1）。

各テストにおけるいいかえ技法の得点を比較するためにフリードマン検定を行ったところ，有意差があった（$\chi^2(2)$=11.14, p<.01）。ウィルコクスン

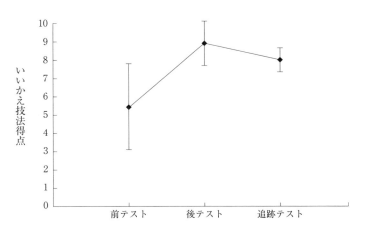

Figure 4-1　各テストにおけるいいかえ技法の平均得点
注）エラーバーは標準偏差を示す

の符号付順位検定(Bonferroniの不等式による修正)を用いて多重比較を行ったところ,前テストと後テスト($Z=2.63, p<.05$),前テストと追跡テスト($Z=2.46, p<.05$)の間に有意差があり,後テストと追跡テスト($Z=1.63, n.s.$)の間には有意差はなかった。これらの結果から,前テストから後テストにかけていいかえ技法の習得度が上昇し,その習得度を後テストから追跡テストにかけて維持していることが分かった。

法律相談におけるいいかえ技法の有効性

セッションⅠからセッションⅡまでの間に,法律相談でいいかえ技法を使用したかどうかを尋ねたところ,6名の実験参加者全員が使用したと回答した。いいかえ技法の有効性に関する質問紙の結果,"いいかえ技法は法律相談で役立った"という項目に対する回答の平均得点は5.16点($SD=0.75$点,得点可能範囲:1~6点)であり,最小値は4点,最大値は6点であった。"いいかえ技法は法律相談で使いやすいものであった"という項目に対する回答の平均得点は4.76点($SD=0.81$点,得点可能範囲:1~6点)であり,最小値は4点,最大値は6点であった。これらの結果から,実験参加者は両質問に対して"そう思う"と回答していることが分かった。

次にインタビュー質問への回答結果をTable 4-1に示す。"いいかえ技法は法律相談で役立ったか","いいかえ技法は法律相談で使いやすかったか"の2つについてインタビュー質問を行ったが,本研究ではその2つを合わせて"有効性"とし,得られた回答をKJ法の手続きによって実験者と大学生2名の計3名で分類を行った。その結果,いいかえ技法は,相談内容の整理に役立つという"情報整理",相談者の問題について共通した理解が得られるという"共通理解",相談者の不安を軽減させることができるという"情緒的支援",相談者とのコミュニケーションが円滑になるという"コミュニケーション促進",十分な練習が不可欠だという"習熟不足",という5つのカテゴリーに分類された。このことから,法律相談において,十分なトレー

第4章 弁護士を対象としたマイクロカウンセリングによるカウンセリング技法習得の有効性　79

Table 4-1　いいかえ技法の有効性に関するインタビュー質問への回答結果

カテゴリー	回答内容
情報整理	・相談者は話がまとまっていないことが大半だが，いいかえ技法を用いることで話が整理でき，次の話題に進みやすくなった。 ・いいかえ技法は自分の頭の整理にもなった。
共通理解	・アドバイスをする前にお互いの認識を確認できるので役立った。 ・悩みを共通理解することで，自分も問題の所在を的確につかめた。 ・相談内容を共通理解できるという点から，ほぼ全ての法律相談でいいかえ技法を用いることが可能だと思う。
情緒的支援	・いいかえ技法を用いることで精神的に落ち着く相談者もいた。 ・相談者には話を聴いてくれているのかという不安があると思う。いいかえ技法はその不安に対応できるものであった。 ・相談者は悩みを聴いてもらいたいという要望が先に立っているので，いいかえ技法はその要望にかなうものだと感じた。
コミュニケーション促進	・相談者にこちらが内容を把握していることを理解してもらうことで，よりコミュニケーションが円滑になった。 ・コミュニケーションが円滑になるため，法律相談で使うということには意義があるし，取り入れやすい技法だと感じた。 ・会話がテンポよく進んでいくように感じて使いやすかった。
習熟不足	・自分が完全に習熟していないこともあり，失敗があったかもしれない。 ・短時間で相談内容の要点をまとめるのは難しく，習熟すれば非常に使えるスキルだと思うが，現段階では使いにくい面もあった。 ・話を誤ってまとめると相談者に不快感を与えると思った。 ・普段は使用していない技法なので，意識しないといつも通りになってしまうが，いいかえ技法は法律相談に取り入れやすい技法であると思うし，取り入れていくべきだと思う。

ニングの機会を用意するという課題は残るものの，いいかえ技法は有効なものであるという報告が得られたとみてよいだろう。

コミュニケーション能力の変化

　セッションⅠからセッションⅢまでの間に，本研究以外のコミュニケーションスキルに関する研修を受けたかを尋ねたところ，実験参加者全員が受け

Table 4-2　実験参加者自身による ENDCOREs 回答結果

$n=6$	END ①	END ②	END ③
自己統制	4.79 (0.64)	4.75 (0.57)	4.92 (0.38)
表現力	4.00 (0.22)	4.00 (0.27)	4.25 (0.39)
解読力	4.21 (0.70)	4.33 (0.52)	4.58 (0.54)
自己主張	4.58 (0.65)	4.63 (0.61)	4.79 (0.49)
他者受容	5.00 (0.89)	4.83 (0.86)	5.13 (0.77)
関係調整	4.29 (0.58)	4.58 (0.54)	4.88 (0.56)

（　）内は標準偏差

ていないと回答した。

　実験参加者自身の ENDCOREs に対する回答結果を Table 4-2 に示す。各コミュニケーション能力の得点の変化を検討するためにフリードマン検定を行ったところ，関係調整得点にのみ有意差があった（$\chi^2(2)=6.95, p<.05$）。ウィルコクスンの符号付順位検定（Bonferroni の不等式による修正）を用いて多重比較を行ったところ，END ① と END ③（$Z=2.46, p<.05$）の間に有意差があり，END ① と END ②（$Z=1.47, n.s.$），END ② と END ③（$Z=1.63, n.s.$）の間に有意差はなかった。

　次に第3者評定による ENDCOREs 回答結果を Table 4-3 に示す。各コミュニケーション能力得点の差を検討するためにウィルコクスンの符号付順位検定を行ったところ，関係調整得点にのみ有意差があった（$Z=2.39, p<.05$）。

　ENDCOREs に対する実験参加者自身の回答および第3者評定による回答の結果から，いいかえ技法を習得することによって関係調整能力が上昇することが分かった。

Table 4-3 第3者評定によるENDCOREs回答結果

$n=6$	第3者評定①	第3者評定②
自己統制	4.98（0.64）	5.19（0.49）
表現力	4.13（0.81）	4.17（0.80）
解読力	4.58（0.84）	4.63（0.89）
自己主張	4.42（1.10）	4.46（1.11）
他者受容	4.92（0.42）	4.83（0.81）
関係調整	4.27（0.98）	4.63（0.91）

注）第3者評定はEND①と③に対応して実施
（　）内は標準偏差

考　察

いいかえ技法の習得について

　実験参加者のいいかえ技法得点は，前テストから後テストにかけて上昇し，後テストから追跡テストにかけて維持されていた。つまり，マイクロカウンセリングによる訓練は弁護士のいいかえ技法の習得にも有効であり，仮説①は支持されたといえる。また，本研究では，研究1から研究4の大学生を対象とした研究からの知見を応用し，モデリングの言語化を取り入れた訓練を実施したが，それは相談業務を実践する弁護士にも有効であった。

　マイクロカウンセリングの訓練効果を検討した先行研究において，教師，看護師，企業管理職といった職種を対象としたものは存在するが（Baker & Daniels, 1989；Daniels, 2003；Kabura et al., 2005），弁護士を対象としたものは見当たらない。本研究により，マイクロカウンセリングの新たな応用領域が示されたといえよう。

法律相談におけるいいかえ技法の有効性について

　実験参加者が実際の法律相談でいいかえ技法を使用したところ，それが有効であると評価されていることが分かった。また，法律相談におけるいいかえ技法は，"情報整理"，"共通理解"，"情緒的支援"，"コミュニケーション促進"に有効であることが示唆され，これらのことから，仮説②は支持されたといえる。いいかえ技法は，法律相談において傾聴するという機能を十分に果たすことが示された。

　一方，習熟しなければ使用が困難であるといった"習熟不足"という課題も挙げられた。マイクロカウンセリングの訓練効果が最も発揮されるのは，解説，モデリング，練習，フィードバックという一連の流れを全て実施した時である（Daniels, 2003）。本研究では，訓練の一連の流れを全て実施する前に法律相談場面でいいかえ技法を使用することを求めたため，実験参加者はそれをスムーズに使いこなすというレベルにまでは達していなかったことが考えられる。そのため，"習熟不足"という課題が挙げられたのであろう。

　法律相談において，いいかえ技法は傾聴するという機能を果たしていることが明らかとなったが，弁護士の相談業務はそれだけではない。原田（2009）によると，法律相談は，"問題共有，共鳴，判断伝達，説得・対抗，理解促進，終了"という6つの段階で構成されている。つまり，弁護士には，傾聴するという作業だけでなく，問題解決に向けて専門的な判断を伝える作業が必要である。原田（2009）は，問題共有には，情報探索，肯定・受容，依頼者の状況に関する確認・理解，解決目標の確認・理解という4つの下位カテゴリーを，共鳴には，共感的語りかけという1つの下位カテゴリーを挙げている。これら2つの段階では，傾聴するという作業が中心であり，いいかえ技法は法律相談のこの点において有効であると考えられる。法律相談では，いいかえ技法を用いた傾聴するという作業に加えて，専門的な判断を伝える作業を組み合わせていくことが望ましい。マイクロカウンセリングは，あらゆる学派に必要なカウンセリング技法を習得し，そのうえに個々の専門

的な技法や理論を積み重ねていくという考え方を採用している（福原他，2004；玉瀬，2008）。弁護士であれば，マイクロカウンセリングによっていいかえ技法といった基礎的なカウンセリング技法を習得し，そのうえに法律相談に必要な専門的技法を身につけるという考え方が可能である。このように，マイクロカウンセリングは，弁護士の訓練にも適したものであるといえる。

コミュニケーション能力の変化について

　ENDCOREsを用いてコミュニケーション能力の変化を測定したところ，実験参加者自身による評定および第3者評定の結果ともに，いいかえ技法の習得によって関係調整得点が上昇していた。関係調整は，人間関係を良好な状態に維持するための能力であり，相手の立場や考えを配慮するといった側面が含まれる（藤本・大坊，2007）。つまり，関係調整は，共感的コミュニケーションの側面を持つものといえる。本研究の結果から，いいかえ技法を習得することで，主観的にも客観的にも関係調整という共感的コミュニケーション能力が上昇したといえ，このことから，仮説③は支持されたといえる。

　一方，相手の意見や立場に共感するといった，より具体的な共感的コミュニケーションを表現しているであろう他者受容得点に変化はみられなかった。藤本・大坊（2007）は，ENDCOREsで測定されるコミュニケーション能力6側面のうち，自己主張，他者受容，関係調整の3側面が対人スキルであるとし，その中でも関係調整が対人関係に働きかけるメタ行動であるとしている。本研究の結果において，他者受容に変化がみられず，関係調整が上昇したということは，いいかえ技法の習得が，具体的な共感的コミュニケーション能力を高めるというよりは，対人関係に注意を払うといった態度や意識への気づきを高めるものであったと考えられる。いいかえ技法の習得前後の関係調整得点の差がそれほど大きくないことも踏まえると，上記の理由は妥当なもののように思われる。

研究5のまとめと残された課題

　モデリングの言語化を取り入れたマイクロカウンセリングの訓練によって，弁護士はいいかえ技法を習得することが可能である。さらに，習得したいいかえ技法は，実際の法律相談でも応用可能であり，相手の話を"聴く"ということに有効なものである。また，いいかえ技法の習得は，人間関係を良好な状態に維持しようとする能力を高める。これらのことから，弁護士にとってマイクロカウンセリングは有益であることが推察される。

　今後の課題として，いいかえ技法以外の技法の有効性を検討することも必要であろう。"聴く"ということには，相手から語られた内容を的確に理解し，その背景にある感情的な体験を汲み取る過程も含まれる（下山，2000）。これには，マイクロカウンセリングで扱われる技法の1つである，感情の反映が有効であろう。また，弁護士には，情報収集のために"訊く"という作業も重要なものである。このような際には，質問技法が役立つであろう。マイクロカウンセリングの知見を応用し，法律相談の質を高めていくことが望まれる。

第5章　総合考察

本研究の総括

　本研究では，カウンセリング技法習得のための訓練プログラムであるマイクロカウンセリングの効果をさらに高めることを目的に，5つの研究を実施した。本章では，それらの総括を述べる。

　マイクロカウンセリングは，Ivey (1971) によって開発されて以来，450を超える研究によってその効果が検証されてきた。それらの結果は，マイクロカウンセリングがカウンセラー養成のためのプログラムとして，非常に優れたものであることを示している (Daniels, 2003)。マイクロカウンセリングは，学派を問わないすべての面接，カウンセリング，心理療法に共通する基本的傾聴技法を扱っており (福原他, 2004)，カウンセリングの基礎を学ぶことに適している。また，その訓練手順もよく体系化されており，効率的にカウンセリング技法を習得することが可能である。

　一方で，これまでのマイクロカウンセリングに関する研究は，マイクロカウンセリングで扱われる技法の性質や機能を明らかにすること，あるいはその訓練効果に着目したものが大半であり，訓練プログラムそのものの発展を目的とした研究は数少ない。Ivey and Authier (1978) や Daniels (2003) は，マイクロカウンセリングの訓練プログラムをより効果的なものへと改良することを奨励している。マイクロカウンセリングの研究は，次の段階へと進む必要がある。

　マイクロカウンセリングの主要な特徴は，観察による学習を強調した社会的学習理論を背景とし，習得すべき課題を細かなステップに区切って練習するマイクロティーチングの発想を取り入れた点にある。マイクロカウンセリングの訓練プログラムを洗練させていくためには，モデリングの効果をより

高めることが重要といえる。モデリングに関する基礎的な研究は，モデルの遂行内容を観察者が言語化することによって学習がより促進されることを明らかにしている（e.g., Bandura et al., 1966；Gerst, 1971；坂野，1986；田中他, 1980）。そこで本研究は，マイクロカウンセリングのモデリングに，モデルの遂行内容を言語化するプロセスを取り入れ，カウンセリング技法の習得が促進されるかを検討した（Figure 1-6）。

　研究1では，マイクロカウンセリングのモデリングにおいて，モデルの遂行内容を観察者自身が言語化する条件と実験者が言語化する条件，および言語化しない条件の3条件を設定し，いいかえ技法の習得度を比較した。その結果，観察者自身による言語化はいいかえ技法の習得と維持を，実験者による言語化は習得したいいかえ技法の維持を促進することが明らかになった。これらのことから，マイクロカウンセリングにおけるモデリングでは，モデルの遂行内容を言語化すること，特に観察者自身が言語化することが有効であることが示された。

　研究2では，モデリングにより獲得されたカウンセリング技法が実際場面を想定した難度の高い課題へも応用可能であるかを検討した。その結果，研究1の結果と同様に，観察者自身による言語化はいいかえ技法の習得と維持を，実験者による言語化は習得したいいかえ技法の維持を促進することが分かり，モデリングの際に難度の低い課題を用いていいかえ技法を習得しても，その技法をより複雑な課題に応用可能であることが分かった。習得したいいかえ技法を難度の高い課題に応用できるということは，ただモデルを模倣しているだけではなく，モデルの本質となるルールを抽出しているためであると考えられる。モデリングの言語化は，モデルの本質となるルールの抽出を促進することが分かっており（坂野，1986），マイクロカウンセリングにおいてモデルの遂行内容を言語化することは，習得したカウンセリング技法の応用可能性を高めるものといえる。

　研究3では，観察者が言語化した内容とカウンセリング技法の習得度の対

応を検討した。研究1と研究2の結果から，モデリングの言語化は観察者自身によるものが有効であることが分かったが，言語化の内容と習得されたカウンセリング技法の対応は明らかでなかった。基礎的なモデリング研究においては，Bandura et al.(1966)がモデルの遂行内容が適切に言語化された場合にのみ学習が促進されることを，またGerst(1971)は観察者によって言語化されたルールは言語化されなかったものよりもパフォーマンスにおいて再生されやすいことを明らかにしている。これらの結果がマイクロカウンセリングにおけるモデリングにおいても当てはまるかを確かめるため，研究3では，(1) 言語化の適切さがいいかえ技法の習得度に及ぼす影響，および (2) 言語化されたルールといいかえ技法の習得度の対応を検討した。

　まず，(1) 言語化の適切さがいいかえ技法の習得に及ぼす影響を検討したところ，モデルの遂行内容を適切に言語化した者と適切な内容と不適切な内容を混合して言語化した者の習得度には有意な差がなかった。このことから，適切なルールだけでなく，不適切なルールを混合して言語化した場合でも，観察者のパフォーマンスはそれほど低下しないことが分かった。ただし，研究3では不適切なルールのみを言語化した者はいなかったため，その場合のパフォーマンスは検討されていない。いいかえ技法よりも難度の高いマイクロ技法（例えば，感情の反映や対決）では，示範されるモデルの遂行内容がより複雑なものになり，観察者が不適切な言語化をしてしまう可能性が高くなるため，さらなる検討が必要である。次に，(2) 言語化されたルールといいかえ技法の習得度の対応を検討した。その結果，言語化されたルールは観察者自身の遂行においてもより維持されており，言語化されなかったルールは，モデリング直後であれば遂行可能であるが，時間の経過によってパフォーマンスが低下することが分かった。このことから，マイクロカウンセリングにおけるモデリングの言語化では，モデルが示すカウンセリング技法のルールを適切により多く言語化することが望ましいことが分かった。

　研究4では，マイクロカウンセリングのモデリングにおける，観察者自身

によある言語化と他者による言語化の組み合わせの効果を検討した。研究1と研究2では，マイクロカウンセリングのモデリングにおいて，観察者自身によるモデルの遂行内容の言語化が，他者による言語化や言語化しない場合よりもカウンセリング技法の習得を促進することが明らかになった。研究3では，観察者自身がモデルの遂行内容を言語化する際，言語化したルールに基づくパフォーマンスは時間が経過しても維持されることが明らかになった。これらのことから，マイクロカウンセリングのモデリングでは，観察者自身がモデルの遂行内容を言語化することが望ましいが，言語化されなかったルールは時間経過とともに観察者のパフォーマンスから損なわれていくため，観察者の言語化をサポートする必要があるといえる。観察者の言語化をサポートする方法の1つに，指導者といった他者による言語化が挙げられる。観察者がモデルの遂行内容を言語化する際，言語化しなかったモデルのルールは後のパフォーマンスにおける遂行の程度が低下するが，観察者が言語化しなかったルールを指導者といった他者が言語化することで，その低下を抑えることが可能と考えられる。

そこで研究4では，いいかえ技法のモデリングにおける，観察者自身によるモデルの遂行内容の言語化と実験者による言語化の組み合わせの効果を検討した。その結果，モデリング直後では，観察者言語化のみの条件と観察者言語化と実験者言語化の組み合わせ条件のいいかえ技法の習得度は同程度であったが，モデリングから1週間後では，いいかえ技法の習得度の維持の程度に差があり，観察者言語化と実験者言語化の組み合わせ条件がより優れていた。これらのことから，マイクロカウンセリングのモデリングにおいて，モデルの遂行内容を言語化する際は，観察者と指導者といった他者の両者によって行われることが最も効果的であることが分かった。

研究5では，弁護士を対象に，マイクロカウンセリングによるカウンセリング技法の訓練を実施した。近年，司法領域では，法律相談場面に役立つものとして，カウンセリング技法への関心が高まっており（下山，2007），その

習得にはマイクロカウンセリングが推奨されている（井上，2006）。研究5では，相談業務を実践する弁護士を対象に，モデリングの言語化を取り入れたマイクロカウンセリングによる訓練を実施し，法律相談におけるいいかえ技法の有効性を検討した。その結果，弁護士は，モデリングの言語化を取り入れたマイクロカウンセリングの訓練によっていいかえ技法の習得が可能であること，習得したいいかえ技法は実際の法律相談場面でも有効に機能すること，いいかえ技法の習得によって人間関係を良好な状態に維持しようとするコミュニケーション能力が高まることが明らかになった。これらのことから，モデリングの言語化を取り入れたマイクロカウンセリングは，弁護士に対しても有効な訓練プログラムであることが示された。

　以上，本研究は，マイクロカウンセリングの訓練プログラムの発展を目的とし，マイクロカウンセリングのモデリングにモデルの遂行内容の言語化という手続きを取り入れ，5つの研究によってその効果を検討してきた。これらの結果を総括すると，以下のようにまとめられよう（Figure 5-1）。

(a) マイクロカウンセリングのモデリングにおいて，観察者によるモデルの遂行内容の言語化はカウンセリング技法の習得と維持を，他者によるモデルの遂行内容の言語化は習得したカウンセリング技法の維持を促進する（研究1，2）。
(b) マイクロカウンセリングのモデリングにおいて，観察者がモデルの遂行内容を言語化する際は，言語化したモデルのルールがパフォーマンスにおいてもより維持される（研究3）。
(c) マイクロカウンセリングのモデリングにおいて，観察者による言語化と他者による言語化を組み合わせることが最も効果的である。観察者による言語化はカウンセリング技法の即時習得に有効であるが，言語化する内容は観察者に依存する。観察者が言語化しなかったモデルのルールは時間経過とともにパフォーマンスから損なわれていくため，指導者とい

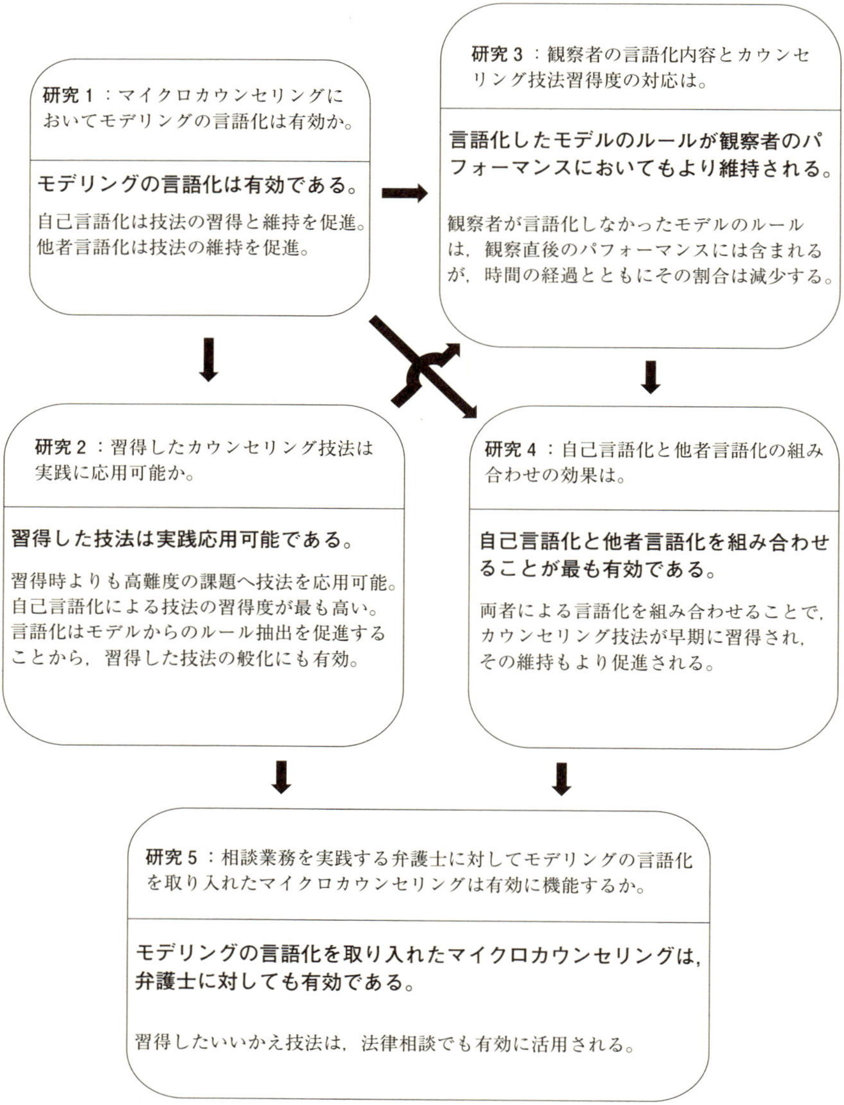

研究1：マイクロカウンセリングにおいてモデリングの言語化は有効か。

モデリングの言語化は有効である。

自己言語化は技法の習得と維持を促進。
他者言語化は技法の維持を促進。

研究3：観察者の言語化内容とカウンセリング技法習得度の対応は。

言語化したモデルのルールが観察者のパフォーマンスにおいてもより維持される。

観察者が言語化しなかったモデルのルールは，観察直後のパフォーマンスには含まれるが，時間の経過とともにその割合は減少する。

研究2：習得したカウンセリング技法は実践に応用可能か。

習得した技法は実践応用可能である。

習得時よりも高難度の課題へ技法を応用可能。
自己言語化による技法の習得度が最も高い。
言語化はモデルからのルール抽出を促進することから，習得した技法の般化にも有効。

研究4：自己言語化と他者言語化の組み合わせの効果は。

自己言語化と他者言語化を組み合わせることが最も有効である。

両者による言語化を組み合わせることで，カウンセリング技法が早期に習得され，その維持もより促進される。

研究5：相談業務を実践する弁護士に対してモデリングの言語化を取り入れたマイクロカウンセリングは有効に機能するか。

モデリングの言語化を取り入れたマイクロカウンセリングは，弁護士に対しても有効である。

習得したいいかえ技法は，法律相談でも有効に活用される。

Figure 5-1　本研究の総括

った他者がそれを補完し，習得した技法の維持を促進することが有効である（研究4）。
(d) マイクロカウンセリングの訓練によって習得したカウンセリング技法は，実践で出会うであろうより複雑な話題にも応用可能である。習得した技法を難度の高い課題に応用できるということは，モデルの本質となるルールを抽出しているためである。モデリングの言語化は，モデルの本質となるルールの抽出を促進するため，習得したカウンセリング技法の応用可能性を高めるといった点でも有効である（研究2）。
(e) モデリングの言語化を取り入れたマイクロカウンセリングによる訓練は，相談業務を必須とする弁護士にも有効であり，実践場面でも活用できるトレーニング法である。また，弁護士が習得したいいかえ技法は，法律相談場面において有効に機能するものである（研究5）。

以上より，マイクロカウンセリングのモデリングに，モデルの遂行内容を言語化するプロセスを取り入れることは，その訓練効果を高めるものであることが明らかになった。マイクロカウンセリングのモデリングに，モデルの遂行内容を言語化するプロセスを取り入れ，その訓練プログラムをより効果的なものへと発展させていくことが重要である。

モデリングの言語化を実際のマイクロカウンセリングの訓練へ応用する

本研究で明らかになった知見を実際のマイクロカウンセリングへ応用する際には，以下の手順が効果的であると考える。

まず，マイクロカウンセリングにおけるモデリングでは，モデル観察後に観察者（被訓練者）がモデルの遂行内容を言語化するというプロセスを取り入れることが有効である。こうすることによって，モデルの本質となるルール抽出が促進され，観察者のカウンセリング技法の習得度が高まる。しかし，観察者の言語化のみでは，モデルの本質となるルールを全て言語化すること

は難しく，ルール抽出が不確かになる可能性がある。言語化されなかったルールは，時間経過とともに観察者のパフォーマンスからその遂行の程度が損なわれていくため，観察者の言語化をサポートすることが必要である。そこで，次に指導者といった他者が言語化するというプロセスを取り入れることが有効である。他者による言語化は，観察者が習得したカウンセリング技法の維持を促進する効果があり，観察者による言語化を補完することができる。マイクロカウンセリングにおけるモデリングでは，まず観察者がモデルの遂行内容を言語化し，その後に指導者といった他者が言語化するというプロセスを取り入れることで，カウンセリング技法の習得とその維持をより高めることが可能となる。

マイクロカウンセリングの訓練において，観察者が複数存在する場合は，他者による言語化がより効果的なものになると予測される。集団に対する訓練では，複数の観察者がそれぞれにモデルの遂行内容を言語化することになるため，観察者間で情報の交換と確認がなされ，これが他者の言語化として機能することが期待される。他者による言語化が複数回行われることによって，モデルの本質となるルールに繰り返し様々な視点から触れることができるため，その情報はより洗練されていくと考えられる。

マイクロカウンセリングのモデリングに，観察者による言語化を取り入れることは，指導者にとっても有益である。観察者による言語化は，観察者が習得した内容や理解の程度を外顕化する機会になるため，指導者はそこに強化や修正を与えることが可能となる。実際のマイクロカウンセリングの訓練では，練習でのパフォーマンスによって初めて観察者の習得内容が外顕化されるが，それは運動再生によって出現するものであるため，観察者の内的な習得の程度を把握するには限界がある。マイクロカウンセリングの訓練プログラムにおけるフィードバックは，練習で外顕化されたパフォーマンスに強化や修正を与えるものであるが，観察者の言語化によって外顕化された内的な習得内容にフィードバックを与えることも有効なように思われる。内的な

習得と外的な習得の両者に強化や修正を与えることで，観察者の扱うカウンセリング技法はより洗練されたものになるだろう。

　次に，実際のマイクロカウンセリングで行われている"良いモデル"と"悪いモデル"を対提示する方法と，本研究で取り上げたモデリングの言語化の関連について考察する。本研究で取り上げたモデリングの言語化は，モデルからのルール抽出を高め，カウンセリング技法の習得を促進するものであった。実際のマイクロカウンセリングにおけるモデリングでは，良いモデルと悪いモデルの両方を提示し，モデルの特徴を際立たせるという手法を用いているが（玉瀬，2004），これもまたモデルからのルール抽出を高める手続きだといえる。マイクロカウンセリングにおけるモデリングでは，いかにモデルからのルール抽出を促進するかが重要である。本研究の知見は，実際のマイクロカウンセリングの良いモデルと悪いモデルを比較する方法と組み合わせると，より効果的なものになると考えられる。モデリングの言語化と，良いモデルと悪いモデルを比較するという方法は，両者ともにモデリングの下位過程の1つである注意過程の要因（Figure 1-4）と関わり，モデルからのルール抽出を促進するものであるが，その性質は異なるものである。モデリングの言語化は，モデルへの選択的注意を高め，ルール抽出を促進しているのに対し，良いモデルと悪いモデルを比較する方法は，モデルの特徴を際立たせ，ルール抽出を容易にしているのである。この2つの方法を組み合わせることは，非常に有効なように思われる。つまり，良いモデルと悪いモデルの比較を通じてモデルの特徴を際立たせ，さらにモデリングの言語化によって選択的注意を高めることで，効果的にモデルの本質となるルールを抽出できると考えられる。また，モデリングの言語化は，保持過程の要因に関わるものであり，抽出したルールの維持を促進するという効果も併せ持つため，そのメンテナンスにおいても有効である。今後は，モデリングの言語化と，良いモデルと悪いモデルを比較するという方法の組み合わせた効果を検討していくことも必要であろう。

本研究で取り上げたモデリングの言語化は，マイクロカウンセリングにおけるモデリングの効果を高めるものであるが，実際のマイクロカウンセリングに取り入れるためには未だ検討しなければならない課題も残されており，さらなる研究が望まれる。

今後の展望
　本研究は，モデリングの言語化に焦点を当て，それを取り入れることによってマイクロカウンセリングの訓練効果を高めることを目的とした。今後の研究では，モデリングの学習を促進する他の知見を応用し，マイクロカウンセリングの訓練効果を高めることが有意義である。例えば，マイクロカウンセリングの訓練では，練習場面をビデオカメラで録画し，それを見直すことがあるが，これはモデリングの下位過程との関連が考えられる。観察者が自ら遂行した反応をモニタリングすることは，モデルの反応と一致させるために遂行内容を修正したり，正確さのフィードバックを得る機会になる。これは，モデリングの下位過程における運動再生過程や動機づけ過程と関連がある。マイクロカウンセリングにおけるビデオカメラを用いたフィードバックの効果を実験的に検討することで，その訓練法を発展させるきっかけが得られるであろう。
　他の研究としては，モデルの提示方法について検討することが有意義である。先にも述べたように，マイクロカウンセリングの訓練では，良いモデルと悪いモデルの両方を提示する（玉瀬，2004）。基礎的なモデリング研究には，良いモデルと悪いモデルの両者を用いた効果的な提示方法に関する研究もあり（春木，1977；坂野，1978），それらの知見をマイクロカウンセリングに応用した際の結果も興味深い。マイクロカウンセリングの訓練プログラムを発展させる知見は未だ数多く存在するように思われる。マイクロカウンセリングの訓練プログラムに改良を加え，より発展させることを目的とした今後の研究が望まれる。

近年，カウンセリングの理論や技法は統合に向かっており（Corey, 2008），そのような潮流の中で，マイクロカウンセリングはより一層重要な役割を担うと予測される。國分（1981）は，クライエントと良好な関係を構築し，問題解決を図るためには，精神分析療法や行動療法，来談者中心療法といった様々な理論を統合し，それらの技法を折衷的に使い分けていく必要があることを述べている。この考え方は，カウンセリングの理論と技法を統合に導く1つのモデルといえる。マイクロカウンセリングの考え方は，あらゆる学派に共通である基本的技法を学び，その上に様々な学派の技法を積み重ねていくことを想定しており（Figure 1-1），國分（1981）の指摘に適うものである。統合的カウンセリングの教育には，マイクロカウンセリングによって基礎を学び，その上に様々な学派の技法を学ぶことが望ましいといえる。マイクロカウンセリングは，今後のカウンセリング教育の支柱となり得るものである。本研究は，このようなマイクロカウンセリングを発展させるものであることから，非常に有意義なものであるといえるだろう。

引 用 文 献

Baker, S. B., & Daniels, T. G. (1989). Integrating research on the microcounseling program: A meta-analysis. *Journal of Counseling Psychology*, 36, 213-222.
Baker, S. B., Daniels, T. G., & Greeley, A. T. (1990). Systematic training of graduate-level counselors: Narrative and meta-analytic reviews of three major programs. *Counseling Psychologist*, 18, 355-421.
Bandura, A. (1971). *Psychological Modeling: Conflicting Theories*. Chicago: Aldine, Atherton.
　（原野広太郎・福島脩美　共訳（1975）．モデリングの心理学―観察学習の理論と方法―　金子書房）
Bandura, A. (1986). *Social foundation of thought and action: A social cognitive theory*. Englewood Cliffs: Prentice Hall.
Bandura, A., Grusec, J. E., & Menlove, F. L. (1966). Observational learning as a function of symbolization and incentive set. *Child Development*, 37, 499-506.
Binder, D. A., Bergman, P., & Price, S, C. (1991). *Lawyers as counselors: A client-centered approach*. St. Paul, MN: West.
Carkhuff, R. R. (1969). *Helping and human relations: A primer for lay and professional helpers*. Montreal: Hold, Rinehart, and Winston.
Cochran, R. F. Jr., DiPippa, J. M. A., & Peters, M. M. (1999). *The counselor at law: A collaborative approach to client interviewing and counseling*. New York: Lexis.
Corey, J. (2008). *The art of integrative counseling*. Pacific Grove, CA: Brooks/Cole.
Daniels, T. G. (1987). *Microcounselling: Training is skills of therapeutic communication with R. N. diploma-program nursing students*. Ann Arbor: University Microfilms International.
Daniels, T. (2003). A review of research on microcounseling: 1967 － Present. In A. E. Ivey & M. B. Ivey (Eds.), *Intentional interviewing and counseling: Your interactive resource (CD-ROM)*. Pacific Grove, CA: Brooks/Cole.
Daniels, T., & Ivey, A. E. (Eds.) (2007). *Microcounseling: Making skills training work in a multicultural world*. Springfield, IL: Charles C. Thomas.

Frankel, M. (1971). Effects of videotape modeling and self-confrontation techniques on microcounseling behavior. *Journal of Counseling Psychology*, 18, 465-471.

藤本学・大坊郁夫（2007）．コミュニケーション・スキルに関する諸因子の階層構造への統合の試み　パーソナリティ研究，15, 347-361.

福原眞知子・アレン，E. アイビイ・メアリ，B. アイビイ（2004）．マイクロカウンセリングの理論と実践　風間書房

福原眞知子　監修（2007）．マイクロカウンセリング技法―事例場面から学ぶ―　風間書房

福原眞知子　監修・編集（2012）．マイクロカウンセリングの展開―日本マイクロカウンセリング学会／研究会の活動を通して―　川島書店

Fyffe, A. E., & Oei, T. P. (1979). Influence of modeling and feedback provided by the supervisors in a micro-skills training program for beginning counselors. *Journal of Clinical Psychology*, 35, 651-657.

Gerst, M. S. (1971). Symbolic coding processes in observational learning. *Journal of Personality and Social Psychology*, 19, 9-17.

Gluckstern, N., Ivey, A. E., & Forsyth, D. (1978). Patterns of acquisition and differential retention of helping skills and their effect on client verbal behavior. *Canadian Counsellor*, 13, 37-39.

原田杏子（2009）．専門職としての相談援助活動　東京大学出版会

春木豊（1977）．観察学習に及ぼす正示範・誤示範の混合比の効果　教育心理学研究，25, 50-53.

Hashtroudi, S., Parker, E. S., Delisi, L. E., & Wyatt, R. J. (1983). On elaboration and alcohol. *Journal of Verbal learning & Verbal Behavior*, 22, 164-173.

Hill, C. E., Roffman, M., Stahl, J., Friedman, S., Hummel, A., & Wallace, C. (2008). Helping skills training for undergraduates: Outcome and prediciton of outcome. *Journal of Counseling Psychology*, 55, 359-370.

井上孝代（2006）．心理学からみた「法と対話」―紛争解決の心理と対話―　法律時報，78, 54-59.

Ivey, A. E. (1971). *Microcounseling: Innovation in interviewing training.* Springfield, IL: Thomas.

Ivey, A. E., & Authier, J. (1978). *Microcounseling: Innovation in interviewing, counseling, psychotherapy, and psychoeducation.* Springfield, IL: Thomas.

Ivey, A. E., Ivey, M. B., & Zalaquett, C. P. (2009). *Intentional Interviewing & Coun-*

selling: Facilitating Client Development in a Multicultural Society. 7th ed. Pacific Grove, CA: Brooks/Cole.

Kabura, P., Fleming, L. M., & Tobin, D. J. (2005). Microcounseling skills training for in Uganda. *International Journal of Social Psychiatry*, 51, 63-70.

Kagan, N. (1984). Interpersonal process recall: Basic methods and research. In D. Larson (Ed.), *Teaching psychological skills: Models for giving psychology away*. Monterey, CA: Brooks/Cole.

國分康孝 (1981). カウンセリングの理論　誠信書房

Kuntze, J., Van der Molen, H. T., & Born, M. P. (2007). Progress in mastery of counseling communication skills: Development and evaluation of a new instrument for the assessment of counseling communication skills. *European Psychologist*, 12, 301-313.

Kuntze, J., Van der Molen, H. T., & Born, M. P. (2009). Increase in counseling communication skills after basic and advanced microskills training. *British Journal of Educational Psychology*, 79, 175-188.

Lambert, M. J. (1992). Psychotherapy outcome research: Implication for integrative and eclectic therapists. In Norcross, J. C., & Goldfied, M. R. (Eds.), *Handbook of psychotherapy integration*. New York: Basic Books.

May, V. R. (1984). A microtraining model for the employer counselor selective placement interview. *Dissertation Abstracts International*, 2504-A.

仲真紀子 (2007). 情報を分かち合う―出来事の報告と目撃証言―（内田伸子・氏家達夫　編　発達心理学特論）放送大学教育振興会　81-93.

仲真紀子・上宮愛 (2005). 子どもの証言能力と証言を支える要因　心理学評論, 48, 343-361.

Norcross, J. C., & Goldfied, M. R. (Eds.) (2005). *Handbook of psychotherapy integration, 2nd ed.* Oxford University Press.

大塚義孝 (2008). 臨床心理士に求められるもの（財団法人日本臨床心理士資格認定協会　監修　新・臨床心理士になるために［平成20年版］）誠信書房　1-10.

Peters, G. A., Cormier, L. S., & Cormier, W. H. (1978). Effects of modeling, rehearsal, feedback, and remediation on acquisition of a counseling strategy. *Journal of Counseling Psychology*, 25, 231-237.

Pomerantz, S. (1992). Comparison of the effect of microcounseling and situational leadership training on the manager-worker interaction, worker performance and stress: Developing a comprehensive leader-follower model. *Dissertation Abstracts International*, **53**, 3287-A.

Pressley, M., McDaniel, M. A., Turnure, J. E., Wood, E., & Ahmad, M. (1987). Generation and precision of elaboration: Effects of intentional and incidental learning. *Journal of Experimental Psychology: Learning, Memory, and Cognition*, **13**, 291-300.

Russell, R., Crimmings, A., & Lent, R. (1984). Counselor-training and supervision: Theory and research. In S. Brown & R. Lent (Eds.), *Handbook of counseling psychology*. New York: Jhon Wiley & Sons.

坂野雄二（1978）．観察学習におよぼすモデルの反応様式と観察者の言語化の効果　教育心理学研究，**26**, 66-74.

坂野雄二（1986）．モデリングと言語－認知的行動変容の基礎と臨床－　岩崎学術出版社

佐藤進・下山晴彦（2001）．法律学と臨床心理学（下山晴彦・丹野義彦　編　講座臨床心理学1－臨床心理学とは何か－）東京大学出版会　249-268.

澤田慶輔　編（1957）．相談心理学－カウンセリングの理論と技術－　朝倉書店

Schönrock-Adema, J., Van der Molen, H. T., & Van der zee, K. I. (2009). Effectiveness of a self-instruction program for microcounseling skills training. *Teaching of Psychology*, **36**, 246-252.

下山晴彦（2000）．心理臨床の基礎1－心理臨床の発想と実践－　岩波書店

下山晴彦（2007）．面接技法の訓練ポイント（菅原郁夫・下山晴彦　編　実践法律相談－面接技法のエッセンス－）東京大学出版会　14-36.

城下裕二（2006）．「法と対話」の現状と課題－企画の趣旨－　法律時報，**78**, 4-5.

菅原郁夫（2007）．相談の現実と課題（菅原郁夫・下山晴彦　編　実践法律相談－面接技法のエッセンス－）東京大学出版会　3-13.

武島あゆみ・杉若弘子・西村良二・山本麻子・上里一郎（1993）．精神療法における臨床経験年数と治療者の行動・態度　カウンセリング研究，**26**, 97-107.

玉瀬耕治（1990）．基礎的なカウンセリング技法の習得に及ぼすマニュアルとモデリングの効果　カウンセリング研究，**23**, 1-8.

玉瀬耕治（1998）．カウンセリング技法入門　教育出版

玉瀬耕治（2004）．マイクロカウンセリング（内山喜久雄・坂野雄二　編　エビデンス・ベースト・カウンセリング）至文堂　188-199.

玉瀬耕治（2008）．カウンセリングの技法を学ぶ　有斐閣

玉瀬耕治・田中寛二 (1988). マイクロカウンセリングに関する研究 奈良教育大学教育研究所紀要, 24, 53-66.

田中昭夫・中沢潤・松崎学・松田信夫 (1980). ルール学習のモデリングにおける観察者言語化の効果 教育心理学研究, 27, 62-66.

東條光彦 (2000). 学生相談―大学生のメンタルヘルスをバックアップする―（坂野雄二 編 臨床心理学キーワード）有斐閣 156-157.

Uhlemann, M. R., Lea, G. W., & Stone, G. L. (1976). Effect of instruction and modeling on trainees low in interpersonal-communication skills. *Journal of Counseling Psychology*, 23, 509-513.

Van der Molen, H. T., Smit, G. N., Hommes, M. A., & Lang, G. (1995). Two decades of cumulative microtraining in The Netherlands: An overview. *Educational Research and Evaluation*, 1, 347-378.

Veltum, L., & Miltenberger, R. (1989). Evaluation of a self-instructional package for training initial assessment interviewing skills. *Behavioral Assessment*, 11, 165-177.

附表1　研究1で使用したテスト用刺激とモデリング用刺激

【テスト用刺激】

(a) 衣替えをしようと思ってクローゼットの整理をしたんです。そうしたら，かなり前に片付けておいたお気に入りの漫画が出てきたんです。初めはパラパラ読んでたんですけど，内容も忘れていたし，すごく面白かったので次第に真剣になってしまったんです。結局，その日はクローゼットの整理はできませんでした。

(b) 最近，運動をしてなくて体がなまっていたから，久しぶりに動きたくなったんです。とりあえず手軽にできることからという事で，ジョギングに出かけたんです。次の日は筋肉痛になりましたけどね。あまり無理はしなかったんですけど，思ったより体がなまっていましたね。やっぱり日頃から運動しとかないと駄目ですね。

(c) 映画が見たくなったので近所のレンタルショップにDVDを借りに行ったんです。新作で見たいのが全部借りられてて無かったので，古い映画を借りたんですけど，その映画に出てる俳優が他の俳優とは違う雰囲気を持ってて，とても気に入ったんですね。だから最近では，その俳優が出てる映画ばかり見てます。

(d) 出かける前に天気予報を見ると，今日は雨が降るって言っていたんです。だから，傘を持って家を出たんですけど，結局その日は雨が降らなかったので，一度も傘を使うことはなかったんです。そうしたら，うっかりしてしまい，傘をどこかに忘れてきてしまったんです。なんだか，すごく損した気分になりました。

(e) 買い物に行ったら，すごく気にいったデザインの服があったんですけど，値段がかなり高かったんです。でも，頭から離れずどうしても諦められなかったから，衝動買いしちゃったんです。そしたら，帰り道で同じ服を着てる人を3人も見かけてしまって，すごくショックでした。衝動買いはよくないですね。

(f) この前，疲れが溜まってきたので，温泉に入ろうと職場の同僚達と話し合って旅行に行ったんです。そしたら思ってたより綺麗な所でびっくりしました。温泉もすごく広くて気持ちよかったし，料理もおいしかったです。ゆっくり滞在できたので，

日頃の疲れを取ることができました。たまには息抜きも必要ですね。

【モデリング用刺激】

(g) 今日の朝，お母さんと喧嘩をしてしまったんです。起きるのが遅いって軽く注意されたんですが，そのことに腹が立ってしまって，つい言い返してしまったんです。落ち着いてからよく考えてみると，別に怒るようなことでもなかったんですけどね。お母さんには酷いことを言ってしまったなと反省しています。
(クライエントの発言)

『起きるのが遅いと注意され，文句を言い返したことが原因でお母さんと喧嘩になったんですね。しかし，冷静になった今では，言い過ぎたことを反省されているんですね。』
(モデルの応答)

(h) 最近，早く起きるのが面倒だったんですけど，遅刻が多くなってきたので，珍しく早起きして学校に行ったんです。そしたら，電車の中で中学校を卒業してから全然会うことのなかった友達とばったり会ったんです。久しぶりに会ったんで，話がはずんですごく楽しかったです。こんなことがあるなら，これからも早起きしようって思いました。
(クライエントの発言)

『遅刻しないように早起きして学校に向かうと，久しぶりに再会した友人と楽しい時間を過ごせ，それがきっかけでこれからも早起きしようと思えるようになったんですね。』
(モデルの応答)

附表2　研究2および研究4で使用したテスト用刺激とモデリング用刺激

【モデリング用刺激】

(a') 昨日，クローゼットの整理ができなかったんです。かなり前に片付けておいたお気に入りの漫画を見つけてしまって，懐かしかったのでつい休憩しながらパラパラ読んでしまったんです。一応はじめは，衣替えしようと思ってクローゼットの整理をしていたんですけどね。すごく面白かったので次第に真剣になってしまったんです。

(b') 今日，朝起きたら筋肉痛になっていたんです。やっぱり日頃からの運動って大切だと思いました。というのも，昨日，手軽にできるという事でジョギングに出かけたんです。まあ，最近，運動をしてなくて体がなまっていたから動きたくなったんですけどね。あまり無理はしなかったんですけど，思ったより体がなまっていましたね。

(c') 最近，ある俳優の出ている映画ばかり見ているんです。映画が見たくなったので近所のレンタルショップにDVDを借りに行ったんですけど，旧作の映画を借りることにしたんです。まあ，新作で見たいのは全部借りられてて無かったんですけどね。そうしたら，借りた映画に出てる俳優が他の俳優とは違う雰囲気を持ってて，とても気に入ったんですよ。

(d') 先日，傘を一度も使わないままうっかりどこかに忘れてきてしまったんです。そのせいでなんだかすごく損をした気分になりました。出かける前にちゃんと天気予報を見たんですけど，その日は雨が降るって言っていたんです。だから，わざわざ傘を持って家を出たんですけどね。結局，その日は雨が降らなかったんですよ。

(e') 衝動買いってよくないなと思いました。買い物に行ったんですけど，すごく気にいったデザインの服があったので，つい我慢できずに衝動買いしてしまったんです。そうしたら，帰り道で同じ服を着てる人を3人も見かけてしまって，すごくショックでした。値段がかなり高かったんですけど，どうしても頭から離れなかったもの

で。

(f') この前,職場の同僚達と話し合って旅行に行ったんです。ゆっくり滞在できたので,日頃の疲れを取ることができました。やっぱりたまには息抜きも必要だと思いましたよ。ちなみに旅行先は,疲れが溜まっていたので,温泉に行ったんです。旅行先は少し遠かったんですけど,温泉もすごく広くて気持ちよかったし,料理もおいしかったです。

【モデリング用刺激】

(g') 今日の朝,お母さんと喧嘩をしてしまったんです。起きるのが遅いって軽く注意されたんですが,そのことに腹が立ってしまって,つい言い返してしまったんです。落ち着いてからよく考えてみると,別に怒るようなことでもなかったんですけどね。お母さんには酷いことを言ってしまったなと反省しています。
(クライエントの発言)

『今朝は些細なことでお母さんと喧嘩してしまったけれども,気分が落ち着いた今では,酷いことを言ってしまったと反省されているんですね。』　(モデルの応答)

(h') 最近,早く起きるのが面倒だったんですけど,遅刻が多くなってきたので,珍しく早起きして学校に行ったんです。そしたら,電車の中で中学校を卒業してから全然会うことのなかった友達とばったり会ったんです。久しぶりに会ったんで,話がはずんですごく楽しかったです。こんなことがあるなら,これからも早起きしようって思いました。
(クライエントの発言)

『早起きして学校に向かったことで,久しぶりに再会した友達と楽しい時間を過ごすことができ,そのおかげでこれからも早起きしようと思えるようになったんですね。』
(モデルの応答)

附表3　研究5で使用したテスト用刺激とモデリング用刺激

【テスト用刺激】

(A) この半年間で，消費者金融から200万円借りたんです。はじめは返済も何とかなると思っていたんですが，今は仕事もなくて借金の返済がまったくできないんです。最近では督促もひどくなってきて，だんだん怖くなってきたんです。もう本当にどうしたらいいか分からなくて。今後どのように返済していけばいいか分からないんです。

(B) 夫婦関係の悪化から離婚することになったんです。私には2人の子どもがいるんですが，養育権で妻ともめて話が進まないんですよね。私は仕事もしなければならないので，子ども達のことを考えると妻と一緒にいるのが良いとも思うんですが，やっぱり私も子どもと一緒にいたいと思うんです。どうすれば子どもと一緒にいれるでしょうか。

(C) 輸送トラックから荷物が落ちてきて，かわすためにハンドルを切ってガードレールにぶつかる事故があったんです。その後，輸送会社と話し合いをして，怪我の治療費は出してもらったんですけど，それ以上の過失はないと言って車の修理代を払ってくれないんです。警察は相手の過失を認めているんですけど。修理代を支払ってもらわないと困るんです。

(D) 80歳の母が一人で生活をしているんですが，帰省した際，母の家に床下換気扇が設置されていたんです。母に尋ねたところ，業者が訪問販売にきて，通気性が悪いから床下換気扇をつけないと家が腐ると言われ，勧められるまま契約してしまったようなんです。この訪問販売は強引すぎると思うんです。なんとか解約して返金してほしいんです。

(E) 昨日，母が亡くなったんですが，葬儀なども終わり一段落したので，そろそろ遺産相続について相談しないといけないんです。父は先立ってもういないんですけど，私を含めて兄弟は4人いるんですね。遺言もないので，法律に従った遺産相続を行

いたいんですけども，どの程度の遺産があるかも分からなくて。平等に遺産相続することを考えているんですが。

(F) 2年前，走行距離5万キロの中古車を購入したんです。その車をこのあいだ車検に出したところ，走行メーターに巻き戻しがあるといわれたんです。不正中古車だとは知らずに購入したので，販売店にクレームをつけたら，2年も経っているし当社はその事実を知らなかったので責任は無いと言うんです。なんとか購入代金の一部を返金してもらいたいんです。

【モデリング用刺激】

(G) 最近，夫との離婚を考えているんです。近頃の夫は帰宅が遅く，浮気をしているのは間違いないんですけど，そのことを話に出すとすぐに夫は手をあげるんです。周りに相談できる人もいなくて，一人で悩んでいて。夫に離婚の話を切り出したら，きっとまた殴られると思うんです。どうしたら無事に離婚できるのか分からなくて困ってるんです。　　　　　　　　　　　　　　　　　　　　（クライエントの発言）

『旦那さんの浮気が原因で離婚を考えておられるのですが，その事を話すと暴力を振るわれるため，どうすれば無事に離婚できるか分からずに困ってらっしゃるんですね。』　　　　　　　　　　　　　　　　　　　　　　　　　（モデルの応答）

(H) 先日，会社の部長に誘われたので食事に出かけたんです。そうしたら後日，頻繁に食事に誘われるようになったんですけど，こっちにも予定があるので毎回は付き合えないですよね。だからお断りしたんですけど，その後急に態度が変わって，雑用ばかり回してきたり，仕事で嫌がらせをしてくるんです。なんとか嫌がらせをやめてもらいたいんです。　　　　　　　　　　　　　　　　　（クライエントの発言）

『部長に何度も食事に誘われるので断ったところ，職務上の嫌がらせをされるようになったんですね。そしてあなたはその嫌がらせを何とかやめてもらいたいわけですね。』　　　　　　　　　　　　　　　　　　　　　　　　　　　（モデルの応答）

あとがき

　筆者が最初にマイクロカウンセリングと出会ったのは，大学院修士課程でカウンセリングのトレーニングを受けていた頃である。何を隠そう，筆者自身もカウンセリングを実践するために必要な技法をマイクロカウンセリングから学んだ者の一人である。自らが体験し，マイクロカウンセリングの効果を実感する中で，その魅力に惹かれていったのである。それからは，トレーニングを受けるだけではなく，その効果のメカニズムを知りたいという思いにかられ，研究という形でマイクロカウンセリングとともに歩んでいくこととなる。大学院博士課程では，本書で取り上げた研究をはじめ，マイクロカウンセリングの研究に取り組み，それは生活の一部となっていたように思う。今では，マイクロカウンセリングが筆者のライフワークとなり，研究者としてのアイデンティティを証明してくれるもののように感じている。

　筆者にとって，研究上の恩師と呼ぶべき方は二人いる。一人は，大学院修士課程で筆者にマイクロカウンセリングを直接教えてくださった玉瀬耕治先生である。もう一人は，大学院博士課程で筆者の拙い研究能力を支えてくださった杉若弘子先生である。玉瀬先生は，自らが培ったマイクロカウンセリングの実践経験と研究知見を惜しむことなく教えてくださった。杉若先生は，その巧みな実験臨床心理学の手腕で，筆者の研究をより精緻なものへと導いてくださった。お二人のご尽力があったからこそ，今の筆者があるのだと感じている。お二人の先生には心より御礼を申し上げたい。

　日本マイクロカウンセリング学会の会長であられる福原眞知子先生からも多大なお力添えをいただいた。筆者が取り組んだマイクロカウンセリングの研究を，実践の場へと還元する機会を与えてくださったのは福原先生である。そのことに改めて御礼申し上げたい。福原先生が語られるマイクロカウンセ

リングに対するフィロソフィーを忘れず，さらなる研鑽に励みたい。
　マイクロカウンセリングの発展を願いながら，今回はこれで筆をおくこととする。

　　2017年10月25日

　　　　　　　　　　　　　　　　　　　　　　　　　　河 越 隼 人

　本書は，「帝塚山学園学術研究等出版助成金」を受け，出版されたものである。

【著者略歴】

河越隼人（かわごし　はやと）

1984年生まれ。2009年，帝塚山大学大学院人文科学研究科修士課程を修了。翌年，臨床心理士資格を取得。2012年，同志社大学大学院心理学研究科博士後期課程を修了。博士（心理学）を取得。同志社大学，大阪体育大学での勤務を経て，2015年より帝塚山大学心理学部に就任。現在に至る。

マイクロカウンセリングによるカウンセリング技法の習得
——モデリングと言語化の役割——

2018年2月28日　初版第1刷発行

著　者　　河　越　隼　人
発行者　　風　間　敬　子
発行所　　株式会社　風　間　書　房
　　　　　〒101-0051　東京都千代田区神田神保町1-34
　　　　　電話 03(3291)5729　FAX 03(3291)5757
　　　　　振替 00110-5-1853

印刷　太平印刷社　　製本　井上製本所

©2018 Hayato Kawagoshi　　　　　　　　　　　NDC分類：140
ISBN978-4-7599-2218-9　　Printed in Japan

〈(社)出版者著作権管理機構 委託出版物〉

本書の無断複製は，著作権法上での例外を除き禁じられています。複製される場合はそのつど事前に(社)出版者著作権管理機構（電話 03-3513-6969，FAX 03-3513-6979，e-mail: info@jcopy.or.jp）の許諾を得て下さい。